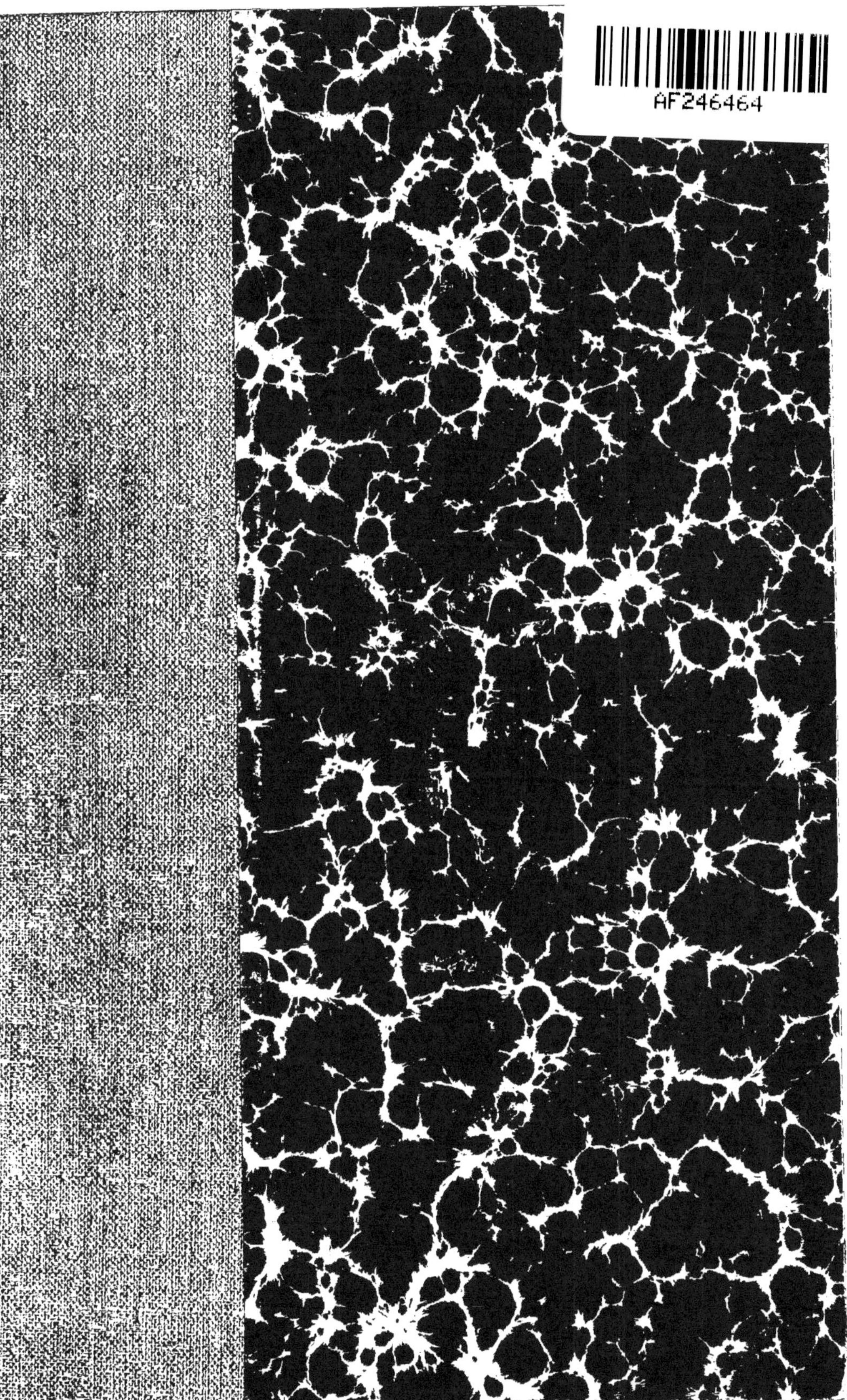

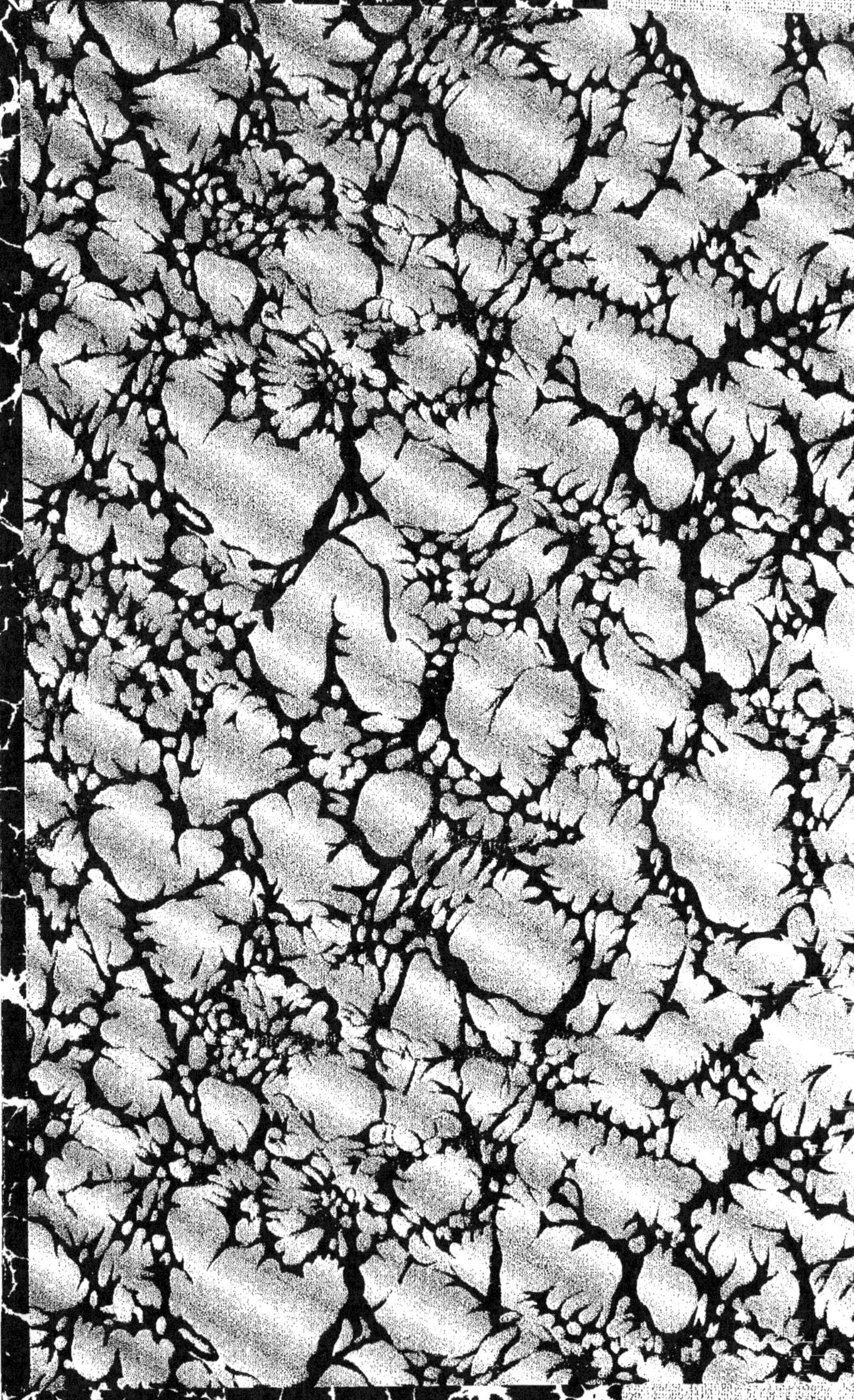

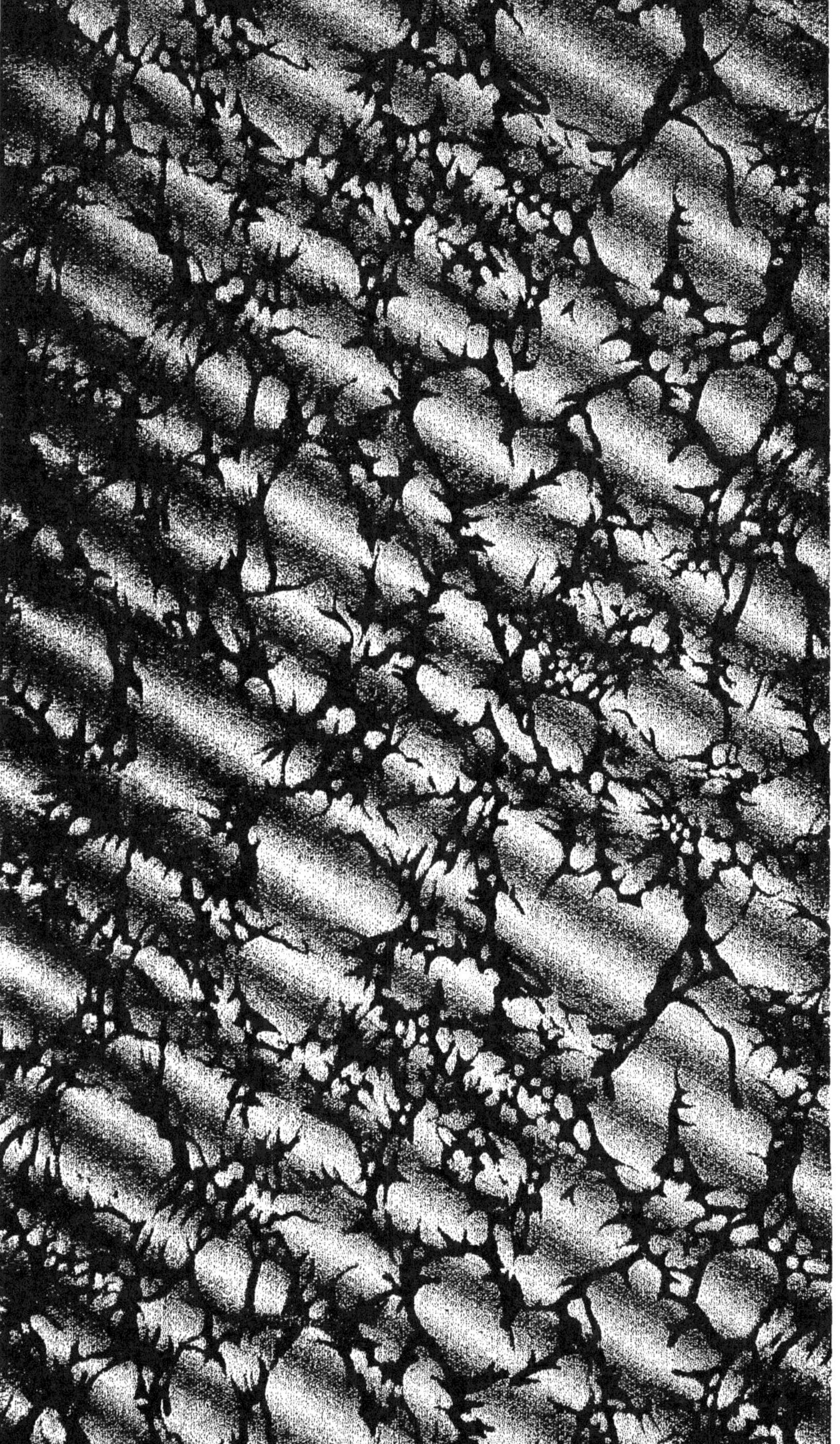

TERRES

INCONNUES

PAR E. CAMPAGNE

ROUEN

MÉGARD ET C.ie, LIBRAIRES-ÉDITEURS

BIBLIOTHÈQUE MORALE

DE

LA JEUNESSE

—

2ᵉ SÉRIE GR. IN-8° JÉSUS

An maux antédiluviens.

(Terres inconnues.)

LES

TERRES

INCONNUES

PAR E. CAMPAGNE

ROUEN

MÉGARD ET Cⁱᵉ, LIBRAIRES-ÉDITEURS

1882

PRÉFACE.

Il fut sans doute une époque où la terre nue, dépouillée, roulait tristement dans le champ des cieux. Sa surface, privée de sa verdure, était stérile et sauvage, et un silence effrayant désolait ses éternelles solitudes. Ce n'étaient point ces douces prairies, ces campagnes de fleurs, ces ombreuses forêts qui la revêtent aujourd'hui ; la fontaine caillouteuse ne voyait point croître la violette sur ses rives ; la colline ne retentissait ni du bêlement des troupeaux, ni des concerts des oiseaux, ni de l'aboiement du chien fidèle ; nulle moisson, nulle forêt n'ondoyaient sous l'haleine des vents avec des murmures

plus doux que la flûte des bergers. Tout était muet,
désert, inanimé. La chaleur n'avait point ses frais om-
brages ; nul objet vivant, nul aliment, nulles fleurs ; l'œil
se serait égaré sur des monts décharnés, sur des plaines
arides de sable encore incandescent, sur une terre vide
et immense où régnaient la tristesse et la mort. L'Océan
en ébullition était un empire stérile ; la monstrueuse
baleine ne faisait point gémir l'onde sous le poids de sa
masse ; les mille tribus éclatantes de poissons ne peu-
plaient point encore le vaste sein des mers. Telles doivent être les planètes, si, contre toute vraisemblance,
la nature vivante n'a pu encore y établir ses lois.

Nous manquons de lumières sur les âges antérieurs
des êtres organisés, et à peine connaissons-nous le présent et cette multitude innombrable d'êtres vivants dont
la nature orna la terre dans un jour de magnificence.
Combien de races presque invisibles peuplent nos propres
campagnes sans que nous daignions les étudier ! Le
plus chétif insecte est un monde pour quiconque veut
l'examiner dans toutes ses parties, dans toutes les
époques de sa vie et tous les détails de son instinct.
C'est une grande marque de la faiblesse humaine de ne

savoir pas reconnaître toute son insuffisance dans la recherche des premières vérités et de vouloir borner la puissance du Créateur. La nature n'a pas toujours été, sans doute, ce qu'elle est aujourd'hui ; elle cache en vain sous des fleurs les désordres et les ruines de sa vie passée ; elle n'est plus dans sa première jeunesse. Un temps viendra peut-être où l'homme la verra fatiguée de produire les générations et ne se mouvant plus qu'avec peine. Les forêts, dépouillées de leur robe verdoyante, se courberont sous le poids des années et du givre des hivers ; les saisons seront dérangées ; le printemps restera sans ombrage et l'été sans moissons. Le jeune enfant, à peine au matin de sa vie, se fanera dans son berceau comme un bouton de rose dans son enveloppe. Toutes les productions languissantes dès leur naissance se traîneront vers la mort. Le soleil, égaré dans la nuit des cieux, ne jettera plus que de pâles rayons ; les astres, mourants comme des lampes sans huile, s'éteindront peu à peu ; et l'univers tombera en lambeaux comme un grand cadavre, si la main du suprême architecte ne vient ranimer cette défaillance de la nature et des mondes.

Cependant cette décadence universelle ne paraît pas

prochaine, à en juger par la jeunesse relative du genre humain, qui marche peu à peu à la conquête de l'univers. L'histoire nous montre les premières peuplades partant d'un point connu et s'avançant lentement dans toutes les directions, à mesure que la population se multiplie. Tout part de l'Orient, les hommes et les arts ; tout s'avance vers l'Occident, vers le Midi et vers le Nord. Les contrées fertiles de l'Egypte et de la Chine nous montrent les premiers germes de la civilisation, tandis que d'autres pays moins favorisés de la nature voient passer des hordes vagabondes qui mènent une vie errante et longtemps incertaine : ce qui nous explique l'ignorance et l'état sauvage de certains peuples. Les Goths et tout le Nord n'ont cessé d'être barbares qu'en s'établissant dans la Gaule et l'Italie ; les Gaulois et les Francs doivent leur civilisation aux Romains, et ceux-ci aux Grecs, qui ne se livrèrent aux sciences et aux arts qu'après avoir voyagé à Memphis, à Tyr et à la cour de Perse. Tout paraît prouver que l'Orient est le berceau du genre humain et la source commune des nations.

Suivre les premiers peuples dans leurs courses vagabondes ; étudier ces hordes errantes à la recherche d'une patrie ; assister à l'enfantement laborieux et héroïque des peuples anciens et modernes ; accompagner le genre humain dans sa marche progressive vers les régions inconnues ; pénétrer les secrets des vastes déserts africains et de l'Australie, que la nature semble vouloir nous dérober ; explorer les mers polaires et y chercher d'autres continents ; dévoiler la vie sauvage des peuples enfants et peu connus ; pousser même notre audacieuse excursion jusqu'à nos planètes, ces *Terres du Ciel*, qui voguent comme la nôtre dans un Océan sans rivage : tel est le but de nos *Terres inconnues*, que nous dédions à tous ceux qui aiment à se faire une idée précise des conquêtes successives du genre humain dans sa marche glorieuse vers les régions les plus inhospitalières ou les moins explorées. Cette synthèse permettra à tous nos lecteurs de suivre avec fruit et intérêt les études analytiques de tous nos voyageurs contemporains et des astronomes de nos jours.

LES TERRES INCONNUES.

━━━ ◦ ✿ ◦ ━━━

I.

MARCHE GÉNÉRALE DES PEUPLES ET DE LA CIVILISATION.

On distingue parmi les peuples divers plusieurs grandes
divisions fondamentales, chacune marquée dans sa
physionomie, sa tradition et ses idiomes, d'un type spé-
cial et indélébile, qui attestent des migrations différentes,
dirigées successivement d'Orient en Occident. Un coup
d'œil historique depuis Moïse jusqu'à la chute de l'empire romain (chap. II) vous fera connaître rapidement
tous les héros et fondateurs d'empires. Dans une étude

non moins rapide, mais complète (chap. III), vous en-
tendrez le choc formidable des peuples de la haute Asie
qui descendent eu Europe par les défilés de l'Oural et du
Caucase et enfantent les nationalités modernes sur le
cadavre de l'empire romain.

Vous verrez ensuite (chap. IV) combien étaient immenses les terres inconnues dans l'antiquité ; et à partir
de ce moment, vous suivrez avec intérêt les voyages et
les curieuses découvertes des précurseurs de Colomb,
qui s'avancent jusqu'aux côtes orientales de l'Afrique.
Et pour vous faire une idée précise de ce mouvement des
peuples vers l'inconnu, il faudra nous suivre (chap. IX)
dans le précis historique des découvertes successives de
toutes les nations.

Ici vous pouvez respirer un moment avant de nous
suivre à travers les régions inconnues de l'Afrique, de
l'Asie et de l'Amérique, et parmi les peuples enfants,
toujours si intéressants à étudier et souvent si dangereux à fréquenter. Nous irons ensuite à la recherche
des *Terres nouvelles* dans le grand Océan, et nous nous
avancerons hardiment, à travers les montagnes de glace,
jusqu'à l'extrémité des pôles boréal et austral, d'où nous

partirons vers les *Terres du Ciel*, en passant d'abord
par la Lune, notre voisine et notre servante ; et à notre
retour, nous pourrons affirmer que nous avons lu une
belle page dans le grand livre de la Nature.

II.

NAISSANCE DES PEUPLES.

Coup d'œil historique depuis Moïse jusqu'à la chute de l'empire romain.
— Héros et fondateurs d'empires.

Nous savons par Moïse que les premières villes,
Ninive et Babylone, furent bâties par Assur et Nemrod
vers l'an 2600 av. J.-C. Deux cents ans après, Menès,
premier roi d'Egypte, fonde Memphis, arrête le Nil
près de cette ville par une grande chaussée, et lui fait
prendre un nouveau cours, entre les montagnes où il
passe encore.

Le siècle suivant, les Hycsos ou rois pasteurs, la plupart Arabes ou Phéniciens, envahissent l'Egypte. Leur premier roi régna dix-neuf ans à Memphis. Ses successeurs eurent à essuyer de rudes guerres de la part des Pharaons thébains; mais ils conservèrent longtemps leur autorité sur quelques cantons de l'Egypte, et ils ne furent entièrement chassés qu'au bout de cinq siècles.

Vers l'an 2200 nous trouvons Abraham établi à Sichem, d'où la famine l'oblige à passer en Egypte. A son retour, il se fixe à Béthel; et plus tard, obligé de se séparer de Loth, il se retira dans la vallée de Mambré. De son temps, l'art d'élever les bestiaux était en grand progrès. Le pain qu'il donne aux trois anges, les pendants d'oreille et les bracelets d'or de Rébecca, prouvent que l'agriculture, la bijouterie et l'art de moudre le blé étaient déjà connus.

Le siècle suivant, ses descendants (Hébreux) s'établissent en Egypte, où ils restent environ 300 ans, jusqu'à l'arrivée de Moïse, leur libérateur.

Pendant que les Hébreux se multiplient en Egypte, Sémiramis règne en Assyrie. Elle embellit et fortifie Babylone, construit de larges quais couverts de jardins magnifiques, ainsi qu'un pont sur l'Euphrate.

Dans ce temps, Inachus, fondateur du royaume d'Argos, après avoir quelque temps séjourné en Egypte, vint à la tête d'une troupe de pasteurs égyptiens et arabes, et s'établit au sud de la Grèce, nommée depuis Argolide. L'an 1900, les Pélasges passent de la Grèce en Italie, qu'ils commencent à peupler. Ces peuplades étaient fort barbares, mais elles connaissaient la métallurgie et essayaient l'architecture dans des constructions cyclopéennes ou par blocs non équarris, dont il reste d'énormes et superbes vestiges en Grèce et surtout en Etrurie. La première Tyr, détruite plus tard par Nabuchodonosor, fut fondée vers cette époque. Elle avait deux ports, des murailles très-fortes, et elle forma longtemps un Etat à part, le plus riche de la Phénicie.

Nous voyons ensuite Moïse conduire les Hébreux dans le désert et recevoir la loi sacrée sur le Sinaï. En même temps Cécrops, originaire de Saïs en Egypte, aborde avec une colonie dans l'Attique, où il fonde une partie des douze bourgades dont Athènes devint plus tard la capitale; il enseigne aux Grecs l'agriculture et répand chez eux le culte de Minerve et de Jupiter. Josué succède à Moïse et introduit les Israélites dans la Terre promise (Palestine), chassant devant lui les peuples qui l'avaient déjà souillée.

Dans le même siècle (16e siècle av. J.-C.), Sésostris, le plus célèbre roi d'Egypte, conquiert l'Assyrie, l'Asie Mineure et d'autres pays, et couvre sa patrie de superbes monuments; tandis que Cadmus, Phénicien, fonde Thèbes en Béotie et apporte en Grèce l'écriture de la Phénicie.

Le siècle suivant voit passer le fameux Janus, premier roi d'Italie, qui commence à polir les peuples barbares, en leur inspirant le goût de la paix ; et le héros grec Persée, qui coupe la tête de Méduse et règne dans Argos, après avoir fondé Mycène (1431).

Tandis que Gédéon est vainqueur des Madianites, Pélops, fils du roi de Lydie, passe en Elide et règne dans cette presqu'île appelée depuis Péloponèse (14e siècle av. J.-C.). En même temps, les Argonautes, héros grecs, montés sur le navire *Argo*, d'où vient leur nom, vont en Colchide conquérir la toison d'or, c'est-à-dire exploiter les mines d'or du Caucase ou coloniser les riches contrées du nord de l'Asie Mineure. Le vieux Nestor, si célèbre par son éloquence; Esculape le médecin; Castor et Pollux, frères de la célèbre Hélène; Orphée, fameux chantre de la Thrace; Hercule, qui étouffa le lion de Némée et dompta le taureau de Crète : voilà les héros les plus célèbres qui prirent part à cette expédition.

Du temps de Juphté (13ᵉ siècle av. J.-C.), eut lieu la fameuse guerre de Troie, dont Achille est le plus grand héros. Enée, prince troyen, quitte à regret ses pénates, et, après avoir été longtemps sur les mers le jouet d'affreuses tempêtes, il aborde enfin en Italie, avec un grand nombre de ses compatriotes, et règne plusieurs années sur le Latium.

Pendant que Samson écrase les Philistins (1172), les Héraclides, descendants d'Hercule, qui avaient été chassés de la Grèce le siècle précédent, finissent par reconquérir le Péloponèse (1190).

Codrus, dernier roi d'Athènes, se rend célèbre par son dévouement dans la guerre contre les Ioniens (1132); et le malheureux Œdipe, roi de Thèbes, victime de fatales méprises, se crève les yeux de désespoir et mène une vie errante sous la conduite de sa fille Antigone.

Pendant le XIᵉ siècle, les premiers rois d'Israël étendent l'empire des Hébreux. David vainc les rois de Syrie et de Mésopotamie et fait de Jérusalem sa capitale. Salomon, son successeur, entoure sa capitale de fortes murailles, fonde diverses villes, élève des palais et le temple fameux, achève de soumettre les nations voisines de la Judée, équipe des flottes, acquiert un port sur la mer Rouge, et dirige vers les contrées les plus lointaines des expéditions qui lui apportent des bois précieux, des parfums, de l'ivoire et l'or d'Ophir (côtes de l'Afrique). Il porte enfin les limites de son royaume jusqu'à l'Euphrate.

Le siècle suivant vit naître le divin Homère, le poëte sympathique qui nous a laissé l'*Iliade*, où il chante les malheurs des Grecs durant le siège de Troie, et l'*Odyssée*, où il raconte les voyages et les aventures du fameux Ulysse. Pour Homère, les terres au delà de la mer Noire, c'était la région des ombres, le royaume ténébreux d'où sortaient les enfants de la nuit.

Cependant les peuples naissaient et mouraient déjà sur les rives de l'Euphrate. La puissante Ninive succombait sous Sardanapale, dernier roi du premier empire d'Assyrie ; et les Mèdes s'emparaient de ces riches contrées en attendant que les Perses viennent prendre leur place. Vers ce temps, Didon, princesse de Tyr, s'enfuit en Afrique, où elle fonde Carthage (870).

Quelques années auparavant, Lycurgue, de la race royale de Sparte, poursuivi par la calomnie, quitta sa patrie et parcourut pendant dix ans la Crète, l'Ionie et l'Egypte, étudiant les mœurs et les lois des peuples qu'il visitait. A son retour (884), il trouva Sparte en proie à l'anarchie; et pour mettre un terme aux malheurs de sa patrie, il lui laissa des lois qui rendirent les Spartiates célèbres.

En 753, Romulus fonde Rome et fait de sa ville une espèce d'asile où il reçoit une foule d'esclaves et de vagabonds. Il se rend maître des Sabins, organise son petit Etat en patriciens et plébéiens, et jette les fondements des lois.

Vers le temps où Tarquin l'Ancien, quatrième successeur de Romulus (614), jetait les fondements du Capitole et faisait creuser des égouts souterrains qui existent encore, Déjocès, premier roi des Mèdes, fondait la superbe ville d'Ecbatane; Nabuchodonosor amenait les Juifs captifs à Babylone, subjuguait la Perse et poussait ses conquêtes dans l'Asie Mineure jusqu'aux rives de l'Euphrate : ce fut l'apogée de l'empire d'Assyrie. Les Ioniens et les Cariens s'établissent en Egypte, fermée jusqu'alors aux étrangers. Dès ce moment les Grecs entrèrent en relations avec les Egyptiens.

Ici se place la fameuse prédiction de Daniel à Nabuchodonosor au sujet de la succession des quatre grands empires : *Assyrien*, *Perse*, *Grec* et *Romain*. L'empire assyrien marche en effet vers sa ruine. Cyrus, fondateur de l'empire des Perses, se trouva maître de presque toute l'Asie, connue par la succession de son oncle Cyaxare, dernier roi de Médie. Après avoir vaincu Crésus, roi de Lydie, il prit Babylone, en détournant les eaux de l'Euphrate (538). Plus tard, l'empire grec d'Alexandre absorbera toutes les conquêtes des Perses et sera absorbé à son tour par l'empire romain.

Dans le courant du v⁰ siècle, les Perses et les Grecs se disputent l'empire du monde. Cette lutte gigantesque a reçu dans l'histoire le nom de *Guerres médiques*. La Grèce fut sauvée par Miltiade à Marathon, où les Perses perdirent plus de deux cent mille hommes (490). Un demi-siècle plus tard, Cimon, fils de Miltiade, mettait fin aux guerres médiques et fermait la mer Egée aux flottes du grand roi (449). Mais bientôt la rivalité de Sparte et d'Athènes cause une guerre civile dans toute la Grèce : c'est *la guerre du Péloponèse*, dont les principaux héros furent Périclès, Alcibiade et Lysandre.

Pendant ce temps, les Romains, harcelés par les Véiens, les Eques et les Volsques, étaient témoins du dévouement patriotique des trois cent six Fabiens et de la valeur incomparable du célèbre Cincinnatus. Ce grand siècle vit naître Hérodote, le Père de l'Histoire ; Phidias, le plus grand statuaire de l'antiquité, ainsi que Socrate, Eschyle et Pythagore.

Le IVe siècle met fin à l'empire des Perses, et les Grecs vont apparaître dans toute leur gloire. Un simple fait mettra suffisamment en lumière la décadence des premiers. Cyrus, dit le Jeune, gouverneur de l'Asie Mineure, se révolte contre le roi Artaxercès, son frère, et s'avance avec une armée de trois cent mille barbares et treize mille Grecs à sa solde. Mais le roi vient à sa rencontre à la tête de neuf cent mille hommes et le tue de sa propre main. Ce fut alors que Xénophon, au service de Cyrus le Jeune, sauva les Grecs par la fameuse retraite dite des *Dix-Mille*. A travers six cents lieues de pays, malgré les déserts et les montagnes, malgré les fleuves, la disette et les attaques continuelles, ils arrivèrent en face de Byzance, où ils purent s'embarquer et rentrer enfin dans leur patrie, après quinze mois d'absence.

Cette marche victorieuse à travers tout l'empire prouvait l'extrême faiblesse des Perses. En effet, Alexandre envahit tout l'empire sous Darius Codoman, n'ayant pris avec lui que trente mille fantassins et cinq mille chevaux. Tyr, Gaza, la Judée et l'Egypte furent réduites à leur tour. Il pénétra ensuite jusqu'à la Libye et fut plus heureux que Cambyse en traversant ces plaines immenses d'un sable profond. A son retour, il fonda Alexandrie, et la mort de Darius le rendit maître de toute la Perse. Il attaqua ensuite les Scythes et les Indiens, défit le roi Porus et s'avança jusqu'à l'Hydaspe. Ses soldats ayant refusé de le suivre plus loin, il revint à Babylone, où il déploya tout le faste et toute la mollesse des rois d'Asie.

Vers ce temps, le fameux Brennus fit trembler Rome; mais nous aurons l'occasion de parler des Gaulois dans le chapitre suivant. N'oublions pas en passant que Platon et Aristote illustrèrent ce siècle.

A son tour l'empire grec tombe en décadence durant le III° siècle. Après la mort d'Alexandre, on ne vit que des batailles sanglantes et d'effroyables révolutions. Au milieu de tant de désordres, plusieurs peuples s'affranchirent et formèrent plusieurs royaumes. Pendant ce temps, les Romains, après 480 ans de luttes, se voyant les maîtres de l'Italie, commencèrent à regarder les affaires du dehors; ils entrèrent en jalousie contre les Carthaginois, trop puissants dans le voisinage par les conquêtes qu'ils faisaient dans la Sicile. C'est alors que commencèrent ces guerres célèbres connues sous le nom de *Guerres puniques*, dont le premier résultat fut la conquête de la Sicile, et le dernier la destruction de Carthage. Scipion et Annibal sont les plus grands héros de cette époque, qui vit aussi naître le fameux Archimède.

Dans la première moitié du II° siècle, on voit Rome abattre Carthage. C'est l'époque des grandes conquêtes : les Romains s'avancent et se consolident en Espagne; anéantissent la Macédoine et la Grèce, qui deviennent provinces romaines, et refoulent les rois de Syrie hors de l'Asie Mineure. Après avoir abattu Jugurtha, ils s'emparent d'une partie de la Numidie, et Rome est, depuis cette époque, la plus grande puissance du monde. Mais déjà les germes de ruines commencent à se développer; les vertus qui avaient fait la force de Rome disparaissent, et le luxe avec ses vices règne à son tour. Les Gracques font de vains efforts pour remédier à ces maux et périssent; mais ils laissent derrière eux un parti populaire à qui tous les moyens sont bons pour réussir. De là une lutte permanente entre les plébéiens et les patriciens; de là ces luttes célèbres entre Marius et Sylla, Pompée et César, Octave et Antoine.

Enfin tout cède à la fortune d'Octave, et il reçoit le titre d'*Empereur* et d'*Auguste* (28). Il use de son pouvoir pour faire des lois sages et pacifier tout l'empire. Virgile et Horace, Ovide, Tite-Live et Cicéron, ont illustré son siècle; et seul maître de l'empire, victorieux par terre et par mer, il ferme le temple de Jonus.

La république romaine avait duré 480 ans; l'empire romain devait durer plus de 500 ans; mais peu à peu il tombe en décadence, et il est envahi par les barbares.

Des adoptions successives donnent pour successeurs à Auguste des princes qui sont tous funestes ou odieux : Tibère, Caligula, Claude, Néron ; la dynastie de César tombe avec le cruel Néron , et trois usurpateurs, Galba, Othon, Vitellius, préparent la dynastie flavienne, Vespasien, Titus, Domitien (Ier siècle). Cinq princes dignes de régner, Nerva, Trajan, Adrien, Antonin, Marc-Aurèle, montent successivement sur le trône ; Trajan se rend célèbre par de brillantes et utiles conquêtes (IIe siècle). L'empire, mis à l'encan par l'armée, s'épuise et tombe pendant l'époque de l'anarchie militaire, et il est un peu restauré sous Aurélien , Tacite , Probus, etc. (IIIe siècle).

Dioclétien donne une nouvelle organisation à l'empire; afin de mieux résister aux barbares, il crée deux Augustes et deux Césars. Sous Constantin, le christianisme triomphe et devient religion impériale. Les barbares sont souvent repoussés ; mais les Goths, vaincus par les Huns, s'établissent sur les terres de l'empire (IVe siècle).

L'empire romain est partagé définitivement en empire d'Orient et empire d'Occident, après la mort de Théodose. Les barbares, victorieux, envahissent l'Occident. Alaric , roi des Visigoths, passe en Italie ; les

Vandales passent en Afrique ; les Alains et les Suèves, en Espagne ; les Francs et les Burgundes en Gaule , et les Saxons en Britanie ; toutès les provinces, hors l'Italie , sont abandonnées ; enfin, l'Italie est conquise, et devient un royaume à part sous Odoacre, roi des Hérules, et fils d'un ministre d'Attila (ve siècle).

C'est ainsi que, sur les ruines de l'empire romain , s'établirent les plus grandes nations européennes.

III.

LES PEUPLES NOMADES A LA RECHERCHE D'UNE PATRIE.

Gaels, Celtes, Ligures, Peuplades ibériennes. — Phéniciens. — Cimbres
ou Kimris. — Luttes gigantesques. — Gaulois, Gallo-Kimris ; Teutons
ou Germains, Goths, Francs, Saxons; Huns, Arabes, Slaves. — Les
Turcs et les hordes de Tamerlan. — Enfantement des nationalités
modernes.

Les premiers hommes qui peuplèrent le centre et
l'ouest de l'Europe furent les Gaulois, race brillante qui
a sillonné l'ancien monde dans tous les sens et laissé
partout des souvenirs. Les Gaels ou Gaulois primitifs
durent quitter les plaines natales de la haute Asie avec
les aïeux des Grecs et des Latins, et bien des siècles
avant les Teutons. Marchant toujours devant eux vers

les lieux où le soleil se couche, franchissant hardiment les fleuves et les bras de mer dans de fragiles batelets (nacelles d'osier, couvertes de cuir de bœuf), ils ne s'arrêtèrent que lorsqu'ils eurent rencontré, par delà les îles de l'Ouest, ces abîmes du grand Océan que seul Colomb devait nous apprendre à franchir. Les, traditions les plus reculées nous montrent les Gaels couvrant la face de l'Occident depuis l'île d'Albion jusqu'aux vastes régions danubiennes. Ils avaient occupé, dans des âges antérieurs à toute histoire, les forêts et les déserts qui devaient être un jour la Gaule, centre de leur domination.

La race des Gaels apparaît, à l'origine de l'histoire, divisée en un grand nombre de peuplades indépendantes. Les Celtes, l'une d'elles, dominaient dans le midi de la Gaule ; les Auskes, une deuxième (d'où dérive Auch), connus dans l'histoire sous le nom d'Aquitains, furent les premiers habitants des rives de la Garonne. Les Celtes, ayant repoussé ces derniers vers les montagnes, mais rebutés sans doute par une résistance que la nature des lieux rendait presque invincible, et emportés vers l'inconnu par leur instinct aventureux, laissèrent là les Aquitains et descendirent par les cols des basses Pyrénées dans la grande péninsule hispanique, où ils trouvèrent les Ibériens, avec lesquels, après une longue lutte, ils l'habitèrent en commun par convention de paix, et se mêlèrent par mariage. De ce mariage gaulois et ibérien est né le génie de l'Espagne moderne. Les Romains, les Goths et les Arabes ne lui ont apporté que des modifications secondaires.

Les Ligures (Lli-Gor, peuple de la montagne) habitaient la Bétique (Andalousie). Mais, chassés de leurs régions méridionales par les Celtes, ils refluèrent au nord-est jusqu'au delà de l'Ebre, où ils trouvèrent les Sicanes, qui occupaient le bassin du Sicanus (la Sègre). Ceux-ci, émigrant à leur tour, forcèrent les passages des Pyrénées orientales, repoussèrent les tribus celtiques maritimes, côtoyèrent le littoral gaulois de la Méditerranée, et, toujours suivis par les Ligures, entrèrent en Italie. Ceux-ci s'établirent le long des côtes gallo-italiques depuis les Pyrénées jusqu'à l'Arno, tandis que les Sicanes, passant les Apennins, s'arrêtaient dans la grande vallée du Pô.

Mais cette irruption de peuplades ibériennes dans le
midi de la Gaule avait déterminé un mouvement de
réaction formidable parmi les tribus gauloises de l'intérieur. Les Amhra (les vaillants) ou Ombres, lancèrent
une grande expédition du haut des Alpes sur les plaines
d'Italie. Ils envahirent l'Etrurie (Toscane), dont le littoral était déjà occupé par les Pélasges, et assujettirent la
grande moitié de l'Italie des Alpes au Tibre, où ils domi-
nèrent quatre siècles durant; mais les Etrusques, peuple
pélasgique, originaire de l'Asie Mineure, triomphèrent
plus tard de leur bravoure par la supériorité d'un état
social plus avancé.

D'un autre côté, les Phéniciens, cherchant moins la
conquête que le commerce, fondèrent des colonies sur
nos rivages comme sur ceux d'Espagne et d'Italie.

Les Gaels, à l'origine des temps, lorsqu'ils avaient
quitté l'Asie, avaient laissé derrière eux des frères, qui
s'étaient avancés à leur tour en Europe. Les traditions
de la Grèce nous font entrevoir au delà du Pont-Euxin,
dans les régions ténébreuses où Homère place l'entrée
du royaume des ombres, un peuple redoutable, à la
fois sacré et infernal, qui s'élance au midi du Caucase

et promène partout l'épouvante. Ce sont les Cimbres ou Kimris, que leur lutte avec Marius a rendus célèbres. Les masses kimriques dominaient l'intérieur de l'Europe orientale, depuis le Tanaïs et le Volga jusqu'au Danube, et le nom tout gaulois d'Albanie indique que des tribus de ce peuple s'étaient établies jusqu'au midi du Caucase et sur les bords de la mer Caspienne. A leur tour, les Scythes, chassés par d'autres, des steppes de la haute Asie, fondirent comme un ouragan sur les bords du Pont-Euxin. Devant cette invasion, les Cimbres abandonnèrent les régions de l'est aux Scythes, se mirent en route vers le soleil couchant et allèrent chercher une autre patrie. La masse se déploya dans toute la largeur de l'Europe centrale, du Danube aux mers boréales (Baltique, golfe de Finlande et mer du Nord). La Chersonèse Cimbrique (Jutland) et les îles danoises marquèrent au nord les points extrêmes de leur domination. A l'ouest, après avoir traversé la prodigieuse forêt qui s'étendait depuis les Carpathes jusqu'aux sources du Danube et au Rhin (la Forêt-Noire en est un simple débris), l'avant-garde kimrique franchit le bas Rhin et envahit la Gaule. Quelques peuplades ne suivirent pas le gros de leur nation et se jetèrent au contraire par le Caucase dans l'Asie Mineure ; d'autres restèrent dans la Tauride ou Crimée.

Après une immense mêlée, la Gaule apparaît partagée entre les Gaels et les Kimris. La région maritime d'abord (Armorique), puis les forêts et les plaines du nord et du nord-est, demeurèrent au pouvoir des Kimris. Dans l'île d'Albion, ils occupèrent le sud et l'est. La Gaule, trop pleine, déborda pour la troisième fois (587 av. J.-C.) par deux grandes émigrations, sous la conduite de Sigovèse et de Bellovèse. Trois cent mille cavaliers et fantassins partirent, avec leurs femmes et leurs enfants, dans la direction indiquée par les augures. Sigovèse, guidé par le vol des oiseaux, établit ses bandes entre le Danube et les Alpes Illyriennes. Bellovèse, plus favorisé du sort, marcha vers l'Italie, descendit dans les plaines du Pô et en chassa les Etrusques. Les Kimris vinrent à leur tour et rejetèrent ces derniers au midi des Apennins.

La terreur des armes des Gaels ou Gaulois s'étendit bien au delà de leur nouveau territoire. Leurs bandes aventurières allaient chercher jusqu'au fond de la Grèce et de l'Italie la gloire, le pillage, ou les tributs des peuples qui courbaient la tête devant eux. Ils avaient substitué des bourgs sans murailles et des cabanes sans meubles aux imposantes cités étrusques et aux édifices ornés d'un art étrange et sévère ; mais Milan, Côme, Bergame, Vérone, Padoue et Bologne sont filles des Gaulois, et elles ont fait oublier les cités détruites.

Sur les collines du Tibre croissait, d'un progrès lent et certain, une cité de soldats laboureurs, mélange d'éléments latins, étrusques et sabins, qui, depuis la descente des Gaulois en Italie, avait chassé ses rois étrusques et fondé une république aristocratique, dont les magistrats nobles réunissaient toutes les fonctions civiles, militaires et sacerdotales. C'était le *peuple romain*, dont chacun connaît la fameuse histoire. Son empire seul devait égaler un jour les proportions de la gigantesque domination des Gallo-Kimris qui s'étendait depuis l'Irlande, la Gaule et l'Espagne, jusqu'aux frontières du Pont et de la Cappadoce.

La Gaule, profondément entamée au midi par les Romains, finit par l'être aussi à l'orient par une grande race barbare qui avait fait une première et foudroyante apparition en deçà du Rhin. Dans la Forêt-Noire, sur le haut Danube, le long de la rive droite du Rhin, les restes des tribus gaéliques et kimriques étaient comme submergés par les masses des Teutons. Le titre de Germains (*Ghermanna*, hommes de guerre) que prenaient leurs bandes aventurières, et qui devint synonyme de Teutons dans les langues gauloise et latine, indiquait chez ce peuple la prétention d'être à son tour ce qu'avaient été jadis les Gaulois. Les premières tribus germaniques qui franchirent le Rhin se jetèrent dans les cantons déserts des Ardennes, et ne purent s'y maintenir que par transaction. Mais les divisions des Gaulois permirent aux nouvelles recrues de pénétrer incessamment par la trouée déjà ouverte. Au reste, l'abondance de la Gaule séduisait les barbares : les belles prairies du Doubs et de la Saône leur semblaient préférables aux sombres gorges de la Forêt-Noire.

On distingue trois grands rameaux dans la race teutonique : les Herminungs, les plus puissants des Teutons, comprenaient les Suèves, les Angles, les Markomans (hommes de la marche ou de la frontière), et les Vandales, et occupaient la Germanie centrale et orientale. Les *Inghewungs*, comprenant les Frisons et les

Haukes, occupaient le littoral de la mer du Nord, et la Chersonèse Cimbrique. Mais, pour nous, la branche la plus intéressante est celle des *Istewungs*, qui bordaient tout le cours du Rhin et touchaient à la Gaule par cent lieues de frontières : ce sont les aïeux des Francs. Au nord de la Germanie les Scandinaves dominaient cette vaste péninsule septentrionale dont les anciens ignoraient la forme et les limites (Suède et Norwège). A l'est, les Goths occupaient le midi de la Baltique, vers la Vistule.

Auguste et son fidèle Agrippa travaillèrent, non plus comme César, à fermer la Gaule aux Germains, mais à faire, au contraire, d'une partie des Germains les gardiens de la Gaule contre le reste de la Germanie, et à fondre la Germanie avec la Gaule. Mais il était écrit que l'empire romain devait tomber comme une vieille machine vermoulue et laisser la place aux peuples nouveaux qui devaient naître.

Les Goths, qui, du temps de Tacite, étaient établis sur la rive méridionale de la Baltique (en Prusse et en Pologne), descendirent, dans le IIe siècle, de la Baltique vers le Danube, se trouvèrent ainsi portés sur les derrières de la Dacie, et secondèrent involontairement par quelques diversions les entreprises de Marc-Aurèle contre les Suèves et les Sarmates ; ils envahirent ensuite la Dacie, et furent bientôt pour la Mœsie (Bulgarie, Servie) et la Thrace, des voisins aussi dangereux que les Germains occidentaux pour la Gaule. Caracalla ne put les empêcher d'étendre leur domination sur les vastes contrées entre la Theyss et le Don ou Tanaïs : la moitié du cours du Danube et tout le nord du Pont-Euxin jusqu'aux Palus-Méotides (mer d'Azow) étaient bordés par les tribus gothiques. L'empereur Décius tomba sous les coups des Goths avec toute son armée, aux bords du Danube.

Le monde barbare s'ébranla tout entier au bruit de la défaite des Romains, car « le fatal secret de l'opulence et de la faiblesse de l'empire avait été révélé à l'univers, » dit Gibbon. Les barbares orientaux, Goths, Sarmates et autres, débordèrent bientôt jusque dans la Grèce et l'Asie Mineure, dont les riches et molles cités n'opposèrent presque aucune résistance. Les Francs se ruèrent sur la Belgique ; les Allemands, grossis de nombreuses bandes suèves, pénétrèrent dans la Rhétie, dans la Gaule cisalpine ; les Perses saccagèrent la Syrie. A chaque instant, des noms inconnus retentissaient aux oreilles épouvantées des malheureux habitants de l'empire : c'étaient les Vandales venus des plages et des îles de la Baltique ; c'étaient les Hérules sortis de la Chersonèse Cimbrique. Plus tard, de hardis pirates (les Saxons), bravant les tempêtes de la mer du Nord et les flottes romaines avec leurs légères nacelles d'osier recouvertes de cuir, pillaient les rivages de la Gaule et de la Bretagne, et enlevaient les vaisseaux marchands jusque dans le lit des fleuves.

L'année de l'avénement de Gratien en Occident fut le théâtre d'événements qui exercèrent sur les destinées de l'Europe une influence décisive. D'immenses mouvements de peuples, comparables aux migrations des premiers âges du monde, eurent lieu dans les steppes sans bornes de la Scythie : les Huns, nation nomade appartenant à la race mongole ou tartare, s'élancèrent du fond de l'Asie, envahirent et assujettirent les Alains, tribus de pasteurs qui habitaient entre le Volga et le Don ou Tanaïs, les entraînèrent avec eux et se précipitèrent comme la tempête sur les Goths.

Ceux-ci, divisés en deux principaux corps de nations, les Ostrogoths (Goths orientaux), entre le Tanaïs et le Dniester, et les Wisigoths (Goths de l'Ouest), entre le Dniester et la Theyss, étaient alors au comble de la prospérité ; leur empire s'étendait depuis la mer d'Azow jusqu'à la Baltique, et tous les peuples germains, slaves ou autres (Russie, Pologne), subissaient leur orgueilleuse domination. Toute cette grandeur s'écroula au premier choc des Huns. Les Ostrogoths subirent la vassalité des Huns, et les Wisigoths, préférant celle des Romains, refluèrent en masse sur la rive septentrionale du Danube, demandant le passage du fleuve et des terres à cultiver dans le sein de l'empire. Plus tard, Alaric, devenu leur roi et disposant des forces de l'empire d'Orient comme des siennes propres, s'était jeté sur l'empire d'Occident.

Cette attaque des Wisigoths fut le prélude d'une invasion plus terrible. Vers l'année 405, le monde barbare fut agité par d'immenses tempêtes ; beaucoup de nations quittèrent leurs anciennes demeures. Les Huns, héritiers de la puissance des Goths, plantaient leurs pavillons du Volga à la Vistule, et pesaient au nord sur les Sarmates, au midi sur les Ostrogoths ; et ces derniers pesaient à leur tour sur les Germains orientaux et les peuples du moyen Danube. Le poids de cette formidable pression retomba sur l'empire d'Occident. Un demi-million de Sarmates, d'Ostrogoths et de Germains descendirent du nord-est au sud-ouest et se ruèrent contre l'Italie, pendant qu'une autre horde, formée d'Alains et de Vandales, se précipitait vers la Gaule, entraînant sur ses pas les Markomans et les Suèves. Une nuée de Saxons, d'Hérules, de Burgundes et de Sarmates étaient entrés en Gaule à la suite de la masse émigrante, sans autre vue que le pillage. On ne voyait plus dans les campagnes ni troupeaux, ni arbres, ni moissons ; les barbares ne laissaient après eux qu'un sol nu et des débris fumants.

La puissance des Huns n'avait cessé de s'accroître depuis leur entrée en Europe : les hordes hunniques, agglomérées en monarchie conquérante, avaient marché de victoire en victoire pendant soixante-quinze ans, et tous les nomades des steppes tartares et sarmates, toutes les tribus slaves, toutes les populations teutoniques, enfin le monde barbare presque entier, de la mer Caspienne et de la mer Noire au Rhin et à l'Océan du Nord, reconnaissait Attila pour *seigneur ;* et six cent mille hommes de guerre s'ébranlaient à l'appel de ce terrible roi des Huns. Mais la Gaule et l'Occident furent sauvés de la domination tartare par une armée confédérée où combattirent Aétius et les Gallo-Romains, Théodoric, roi des Wisigoths, et Mérovée, roi des Francs. Attila fut forcé de regagner ses forêts, laissant derrière lui l'empire romain expirant.

Tandis que les Francs s'installent en Gaule, les Vandales en Afrique, les Alains et les Suèves en Espagne, et les Saxons en Britanie, un peuple nouveau entre sur le théâtre du monde.

La *race arabe*, jusqu'alors confinée dans sa péninsule et comme perdue dans ses déserts, entre l'empire des Perses et l'empire romain, avait ressenti obscurément le contre-coup de toutes les crises religieuses et politiques de l'Asie. Elle avait emprunté aux antiques Chaldéens l'adoration des astres ; sur ce vieux fond babylonien, s'étaient entés successivement des traditions hébraïques, des croyances persanes et des dogmes chrétiens. C'est de ce mélange que Mahomet forma son Coran et enfanta le *mahométisme*, nommé aussi religion musulmane ou islamisme.

Mahomet est un prophète de gloire et de puissance ; son royaume est de ce monde ; la terre et tous les biens de la terre appartiennent aux vrais croyants. L'Orient fut remué jusque dans ses fondements par cette nouvelle doctrine ; et quand Mahomet mourut, il était maître de l'Arabie entière. Ses successeurs sortirent bientôt des déserts, le sabre d'une main et le Coran de l'autre, pour marcher à la conquête du monde. Neuf ans après la mort du prophète (640), la croix était abattue à Damas, à Jérusalem, à Antioche, à Edesse, à Alexandrie ; l'empire des Perses était vaincu ; et les plus belles provinces de l'empire gréco-romain, la Syrie et l'Egypte, avaient subi le joug des musulmans. Avant la fin du siècle, les Arabes touchaient d'un côté au Bosphore de Thrace et de l'autre aux Colonnes d'Hercule (Gibraltar). L'Asie Mineure était envahie, Constantinople assiégée, et l'Afrique conquise. En 711, ils franchissent le détroit et soumettent toute l'Espagne, à l'exception des rochers stériles de la Cantabrie.

Puis vint le tour de la Gaule. L'islamisme se trouvait

ici en face du dernier boulevard de la chrétienté. Après
les Francs, il n'y avait plus rien. Ce n'étaient pas les
Anglo-Saxons, isolés au fond de leur île, ce n'étaient
pas les Gréco-Romains de l'Orient qui pouvaient sauver
l'Europe. Ce fut un des moments les plus solennels des
fastes du genre humain. L'islamisme, relativement aux
croyances européennes, n'était pas un développement
de l'humanité, mais un funeste élan en arrière. Le sort
du monde allait se jouer entre les Francs et les Arabes.
L'armée franque détruite, la terre était à Mahomet. Mais
Dieu sauva son Eglise ; et la bataille de Poitiers, gagnée
par Charles-Martel, arrêta en Europe la marche triom-
phale des Arabes (732).

Tandis que les Arabes s'avancent par le sud de
l'Europe, les populations indigènes des régions à l'est et
au sud-est de la Germanie, si longtemps asservies ou
refoulées par les Romains, par les Goths et par les
Huns, commençaient à figurer à leur tour sur la scène
du monde, sous leur nom national de *Slaves*. Les
peuples slaves les plus avancés vers l'Ouest, étaient les
Sorabes (Serbes), dans le Brandebourg, le Mecklembourg
et la Poméranie ; et les *Tchèques* ou Wendes, qui s'éten-

daient depuis la Bohême jusqu'à l'Istrie et à l'Adriatique. Plus à l'est, se trouvaient les Bulgares. Toutes ces tribus avaient été subjuguées par les hordes errantes des Awares, qui dominaient de la Pannonie au Volga et ressuscitaient l'empire d'Attila dans l'Europe orientale (631).

Un siècle plus tard, Charlemagne, après avoir vaincu les Saxons, campait sur le Weser et y recevait les otages et les serments des tribus du Nord et de l'Est. Puis, il traversa la Saxe entière de l'ouest à l'est jusqu'à l'endroit où la Hohre se jette dans l'Elbe : c'était la limite des Saxons et des Slaves. Le monarque des Francs établit là une forteresse, après avoir réglé les choses tant des Saxons que des Slaves qui habitaient les deux rives du fleuve (778). La réduction de la Saxe et de la Bavière en provinces franques mettait les Francs en contact direct avec les nations slaves, depuis le Holstein jusqu'à la Saale et aux montagnes de la Bohême. Là, dut s'arrêter l'empire de Charlemagne ; car aux barbares subjugués eussent succédé d'autres barbares des plaines sans bornes de l'Orient. A la fin du viiie siècle, les deux principales fédérations de tribus slaves étaient : à l'est, les Tchèques de la Bohême et de la Moravie, qui avaient vaincu les Francs du temps de Dagobert; et, au nord, les Wélétabes, qui avaient rejeté les tribus serbes entre l'Elbe et la Saale, et qui occupaient un vaste territoire entre l'Elbe et la Baltique.

Mais les Slaves ne menaceront pas encore l'Europe comme l'islamisme. Le génie conquérant de la race d'Islam s'était réveillé plus redoutable que jamais : une nouvelle puissance musulmane s'était élevée dans l'Asie Mineure, pendant que nous étions sous le malheureux règne de Charles VI (1395), et débordait sur l'Europe orientale. Les *Turcs Ottomans* ou Osmanlis, sortis d'entre ces nations barbares de la Caspienne qui avaient déjà plusieurs fois ravivé l'islamisme, s'étaient d'abord rendus maîtres de l'Asie Mineure, puis avaient passé en Europe pour n'en plus sortir. Constantinople s'était déjà rendue leur tributaire. Thessalonique était en leur pouvoir; la Bulgarie, la Valachie, la Serbie, tous les pays slaves du bas Danube, puis ceux même de l'Adriatique, avaient été envahis; les hordes ottomanes s'étaient montrées aux portes de l'Italie, et le farouche successeur du grand Mourad Ier annonçait hautement qu'après avoir conquis la Hongrie, il mènerait son cheval manger l'avoine sur l'autel de Saint-Pierre à Rome. Le bruit des progrès du *Turc* excita une vive fermentation en France, et l'armée chrétienne, venant au secours du roi de Hongrie, passa le Danube, entra en Bulgarie et mit le siége devant Nicopolis. Mais Bajazet fut vainqueur et la noblesse française décimée. D'immenses périls assaillaient l'Europe orientale : la Hongrie était entamée par les Turcs de Bajazet ; la Russie et la Pologne par les Mongols de Tamerlan, sortis du fond des déserts de la Tartarie (1400).

Mais les Turcs n'avaient pas eu le temps de mettre à profit leur victoire de Nicopolis ; pris à revers en Asie par les hordes de Tamerlan (nouveau Charles-Martel), ils avaient perdu, en 1402, la terrible bataille d'Ancyre, où le sultan Bajazet tomba au pouvoir du conquérant barbare. Le flot de l'invasion tartare, la dernière qui ait débordé des steppes de l'Asie centrale, ne tarda pas à s'écouler ; mais il fallut du temps aux Turcs pour se remettre d'un choc si épouvantable.

Cet ébranlement formidable des peuples nomades était, dans les desseins de la Providence, l'enfantement des nationalités modernes. L'Europe, en effet, a reçu ses premiers habitants de l'Asie, où florissaient de vastes et puissants empires, tandis qu'elle était plongée dans la barbarie. La Grèce s'éleva la première au plus haut dégré de civilisation. Rome conquit peu à peu toute l'Italie et finit par étendre sa domination sur l'Europe presque entière.

Après la chute de l'empire romain, l'invasion des barbares amena en Europe une anarchie effroyable. On vit s'élever alors l'empire des Wisigoths en Espagne, celui des Francs dans les Gaules, des Lombards en Italie, des Saxons au nord de la Germanie, et quelque temps après, des Anglo-Saxons en Angleterre. La fin du viiie siècle vit Charlemagne créer un vaste empire d'Occident, et de ses ruines sortirent les nationalités de France, d'Allemagne et d'Italie. Au xe siècle, les puissances du Nord sortirent de leur obscurité ; la Russie, la Suède, le Danemark et la Norwége, commencèrent à prendre rang parmi les nations européennes ; en même temps, les Maures, qui avaient envahi la péninsule hispanique, du viiie au xe siècle, commencèrent à reculer devant les rois chrétiens de Léon, de Castille, d'Aragon et de Portugal. Au xve siècle, après la prise de Constantinople par les Turcs Ottomans, tous les grands Etats de l'Europe se trouvaient à peu près fondés, et c'est alors que Christophe Colomb découvrit l'Amérique.

IV.

TERRES INCONNUES DANS L'ANTIQUITÉ.

Géographie primitive. — Concordance des traditions grecques et
hébraïques. — Idées d'Homère. — Iles Fortunées. — Connaissances
d'Hérodote et d'Aristote. — Expédition d'Alexandre. — Géographie
de Strabon. — Voyages de Pithéas et d'Eudoxe. — Découvertes des
Romains. — Géographie de Pline et de Ptolémée. — Limites des
connaissances des anciens.

Dans les trois premiers chapitres, nous avons voulu
tracer la prise de possession de l'Europe par les barbares.
Ce grand mouvement des peuples, en dehors du plan
providentiel qu'il dévoile, nous fera mieux comprendre
la conquête du reste du globe, que nous poursuivrons
jusqu'à ses dernières limites et, comme dirait Homère,

jusqu'aux confins du royaume des ombres (c'était le pays au delà du Pont-Euxin). Combien de paysans qui ne connaissent encore aujourd'hui que leur village et la ville voisine où ils vont vendre leurs denrées ! Il en est de même des jeunes gens qui n'ont pas encore voyagé et à qui nous adressons plus spécialement notre volume. Il sera véritablement pour eux le livre des Terres inconnues.

Au reste, le genre humain, dont nous suivrons les progrès géographiques, a commencé comme notre paysan et comme la jeunesse de tous les pays, c'est-à-dire par une *heureuse ignorance*. L'homme sauvage ne connut que les forêts de sa chasse, les rivières de sa pêche, les montagnes et les pâturages où erraient ses troupeaux. Sauf les voisins, avec lesquels il a souvent des querelles et des combats, tout le reste du monde est pour lui comme s'il n'existait pas. Peu à peu on dut fixer des limites : de là les premiers *pays*. L'agriculture acheva de donner une certaine durée aux dénominations des terres, et la politique, devenue conservatrice des droits acquis, permit enfin à quelques royaumes d'obtenir une place dans l'histoire et de se montrer comme des points lumineux dans l'immense nuit des siècles. C'est alors que le commerce et la navigation franchirent les montagnes et les mers. Mais tel hardi marchand, pour faire valoir sa personne et ses denrées, épouvante ses crédules compatriotes par la peinture des monstres et des géants qu'il a combattus, des gouffres et des zones enflammées qui, seuls, ont pu arrêter sa course. D'autres fois, c'est une imagination vive qui revêt toutes les connaissances d'un vernis poétique. Ainsi, la géographie, comme l'histoire, fut le dépôt commun de toutes les fables et de toutes les traditions populaires, jusqu'à ce que la science soumit à une sévère analyse les grossiers matériaux ramassés par des siècles plus crédules.

Les peuples agricoles ne sortent guère des fertiles contrées qui les nourrissent, et chacun se croit au centre du monde. Les mappemondes des Hindous ne présentent guère de clairement tracés que l'Hindoustan, la Perse, le Thibet et l'île de Ceylan. L'Olympe des Grecs passait, comme le Mérou des Hindous, pour le centre de toute la terre. On se représentait le monde comme borné par un océan merveilleux et inaccessible, des pays imaginaires, des îles fortunées, et la voûte du firmament comme supportée par des montagnes énormes ou par des colonnes mystérieuses. Les contemporains d'Homère regardaient comme un miracle le retour de Ménélas du côté de l'Afrique ; les Carthaginois faisaient jeter à la mer tout navigateur étranger ; les Phéniciens, la seule nation qui savait naviguer en haute mer, cachaient avec soin leurs découvertes, leurs entreprises et leurs colonies ; cependant ils associèrent les Hébreux à quelques-unes de leurs expéditions maritimes. Et il faut avouer que nous n'avons pas d'aperçus géographiques, dignes d'attention, qui soient antérieurs à ceux de Moïse. Nous y voyons toutes les nations de l'Asie occidentale ramenées à trois familles : Sem, Cham et Japhet ; et on y lit que les contrées riveraines de la Méditerranée, les *îles des Gentils*, furent peuplées par les descendants de Japhet. Or, les Grecs et les Romains font descendre le genre humain, c'est-à-dire toutes les nations à eux connues, de *Japetus*, dont le nom ne diffère pas de celui de Japhet.

Le commerce florissant de Tyr et de Sidon nous étonnera moins, lorsque nous nous souviendrons combien l'Ecriture nomme de villes murées dans la Palestine et dans la Syrie. Damas, Hémat, Hébron, Jéricho, existaient longtemps avant Athènes. Sidon est déjà célébrée par Homère ; et la superbe Tyr, la reine des mers, a dû préparer pendant plusieurs siècles cette grandeur commerciale dont le prophète Ezéchiel traça le brillant tableau à une époque où Rome, sous le premier des Tarquins, commençait à changer ses chaumières en maisons.

Le monde connu des Grecs se trouve en entier dans les deux poëmes nationaux d'Homère, l'*Iliade* et l'*Odyssée*. Le rond de la terre, l'*orbis terrarum*, était, selon Homère, couvert d'une voûte solide, d'un firmament sur lequel les astres du jour et de la nuit roulaient sur des chars portés par des nuages. Chaque nuit, un vaisseau d'or, ouvrage mystérieux de Vulcain, ramenait le soleil par le nord vers l'orient. Au-dessous de la terre, une voûte nommée le *Tartare* correspondait avec le firmament. Là vivaient les Titans, ennemis des dieux. Le rond de la terre, tel qu'Homère le concevait, était partagé par le Pont-Euxin, la mer Egée et la Méditerranée, en deux parties égales, nord et sud. Près de l'entrée de l'Océan, et non loin des sombres cavernes où se rassemblent les morts, Ulysse trouve les *Cimmériens*, peuple malheureux qui, toujours environné d'épaisses ténèbres, ne jouit jamais des rayons du soleil. Corcyre est placée par le poëte au bout de la mer immense ; la Sicile elle-même est peuplée de merveilles : les troupeaux du soleil, les Cyclopes et les Lestrygons anthropophages. Plus loin, hors de l'empire des vents et des saisons, le poëte nous dépeint un pays fortuné, l'*Elysée*, où murmure toujours un doux zéphyr et où les élus de Jupiter goûtent une félicité éternelle.

A l'Elysée d'Homère succédèrent plusieurs *îles fortunées*. Les voyageurs romains, dans un siècle plus éclairé, crurent même les reconnaître dans ce que nous appelons aujourd'hui les Canaries. Homère décrit avec exactitude les lieux qui servirent de théâtre aux combats des Grecs et des Troyens. Mais, hors de l'Asie Mineure et des îles de la Grèce, la géographie homérique prend toujours une teinte fabuleuse.

Plus tard, Anaximandre comparait la terre à un cylindre, Leucippe en fit un tambour et Héraclide un bateau. Dans une semblable situation des esprits, c'était

un phénomène que de voir s'élever un homme d'un
jugement assez sain et assez ferme pour rejeter toutes les
idées reçues, et n'ajouter foi qu'à ce qu'il avait vu de ses
propres yeux ou appris de témoins oculaires. Cet homme
extraordinaire se nommait Hérodote. Il sut s'ouvrir des
routes inconnues avant lui et pénétrer chez les Péoniens,
qui paraissent alors avoir habité la Servie actuelle.
Il visita les colonies grecques du Pont-Euxin et la
Russie méridionale. A l'orient, il va jusqu'à Babylone
et Suse; au midi, jusqu'aux extrémités de l'Egypte;
mais il ne connaissait presque rien sur l'Europe occidentale, et l'Arabie était pour lui la partie la plus méridionale de la terre. Rome est encore inconnue à Hérodote;
l'Italie, c'est la grande Grèce; la Sicanie commence à
s'appeler Sicile; les *Veneti* habitent sur l'Adriatique;
l'Illyrie, avec ses peuples, est vaguement mentionnée.
Mais Hérodote connaît bien les rives de l'Ister, du
Borysthène et du Tanaïs (Danube, Dniéper et Don), et il
nous a donné la meilleure relation que nous ayons sur
les Scythes, peuples nombreux qui habitaient depuis
l'Ister jusqu'au Tanaïs.

Du côté de l'Asie, il connaissait la partie supérieure

du cours de l'Indus, depuis sa source jusqu'aux confins de Cachemire. « Les pays situés vers le soleil levant, dit-il, au-dessus des Perses, des Mèdes, des Sapires et des Colchidiens, sont bornés au midi par la mer Erythrée (océan Indien) et au nord par la mer Caspienne. L'Asie est habitée jusqu'à l'Inde ; plus à l'est, s'étendent des contrées désertes, sur lesquelles personne ne saurait rien dire. » Il décrit l'état moral et civil des peuples de l'Asie connue, et les Bactriens sont pour lui à l'extrême Orient.

Aristote fut le premier qui montra de vastes connaissances en géographie. « Des astronomes, dit-il, ayant remarqué qu'on n'apercevait pas en Chypre et en Egypte plusieurs étoiles visibles en Grèce, en ont conclu la courbure de la terre. » Précédant Christophe Colomb dans ses savantes conjectures, Aristote pensa que les rivages de l'Espagne n'étaient pas très-éloignés de ceux de l'Inde (Amérique) ; sa mappemonde va de l'Indus au Guadalquivir ; et si le nord de l'Europe ne se montre qu'obscurément à son esprit, il connaît cependant au nord de la Celtique *Albion* et *Jerne* (Angleterre et Irlande).

Alexandre, plus encore voyageur curieux que vainqueur rapide, mena à sa suite plusieurs géographes qui tracèrent les marches de l'armée, en les déterminant d'après des observations astronomiques ; et, comme dit Quinte-Curce, ce grand héros ne voulait conquérir le monde entier que pour le livrer à la connaissance du genre humain.

Un navigateur marseillais, le célèbre Pythéas, qui vivait un peu avant Alexandre le Grand, avait pénétré jusque dans la Scandinavie, et il décrit admirablement les côtes occidentales du Jutland, ses dunes sablonneuses, ses collines mouvantes au gré d'un vent impétueux, ses marais couverts d'une croûte de sable où le voyageur imprudent est englouti, et les brouillards particuliers qui désolent cette contrée.

La géographie historique de Strabon nous offre une description très-détaillée de la Grèce et de l'Asie Mineure ; mais il ne donne que des aperçus très-rapides sur les autres pays connus. Retraçons d'abord l'Europe de Strabon. La Bétique (Andalousie), fertile en huiles et en laines fines, ornée de villes superbes, telles que Corduba et Hispalis (Cordoue, Séville), était habitée par les Turdetani, peuple qui possédait d'antiques monuments de poésie et d'histoire. Les *Lusitani* (Portugais), agiles à la course, redoutables dans la petite guerre, se tenaient entre le *Tagus* et le *Durius* (Tage et Douro). Plus au nord de l'Ibérie (Espagne), les *Cantabri*, sauvages habitants de montagnes de difficile accès, ne baissaient qu'à regret leur front audacieux devant les faisceaux de Rome. Les îles Baléares étaient peuplées par une nation gaie et habile à se servir de la fronde. Les îles d'Albion et des Hiverni (Angleterre et Irlande) ne servaient que de stations aux négociants de Carthage et de Gadès, qui venaient acheter de l'étain tiré des mines de Cornouailles. Pour la Gaule, il réduit à peu de chose la péninsule des Osismii (notre Bretagne) et fait couler le Rhin parallèlement aux Pyrénées ; les Cévennes sont placées au milieu du pays, dont l'étendue se trouve rétrécie d'un tiers.

Il est curieux de voir ce savant géographe discuter gravement si l'Italie a la figure d'un triangle ou bien celle d'un carré ; mais les détails sur le pays offrent beaucoup d'intérêt. Nous apprenons que les vastes marais traversés par Annibal avec tant de peine occupaient une partie des champs aujourd'hui si riants qui avoisinent Parme et Modène.

Nous trouvons Ravenne, comme aujourd'hui Venise, au milieu des lagunes et ayant des canaux au lieu de rues ; nous visitons les rochers cultivés par le laborieux Ligurien, le port de *Luna* avec ses carrières de marbre (Carrare) ; les antiques villes d'Etrurie, premier siége de la civilisation en Italie ; les régions des Sabins et des Ombriens, riches en pâturages ; le petit canton de Latium, qui renfermait la capitale du monde. Le Vésuve reposait alors depuis plusieurs siècles, mais il montrait à Strabon des indices d'ancienne éruption. La riche Sicile est le grenier de Rome ; la Sardaigne malsaine et la sauvage Corse ne lui avaient paru mériter qu'une mention à côté de la petite île d'Ilva ou Elbe.

Au delà de l'Elbe, fleuve d'Allemagne, Strabon ne veut plus rien connaître. Il décrit, sans le connaître, le lac de Constance, et il sait que les *Helvetii* (Suisses) habitent sur des plaines élevées ; qu'à partir de la Germanie et de la Dacie jusqu'à la mer Caspienne, l'œil erre dans une plaine immense. Il décrit la Chersonèse Taurique, aux environs de Sébastopol, et le royaume du

Bosphore, colonie antique des Milésiens. Les îles de la
Grèce terminent l'Europe de Strabon ; nous le suivrons
dans les autres parties du monde, que les Pline et les
Ptolémée développeront davantage.

Strabon se flattait de connaître parfaitement l'Asie, et
il la divisait en deux parties, séparées par le mont
Taurus. En deçà du Taurus, elle était bornée à l'occident par le Tanaïs et au nord par l'Océan boréal. Au
nord du Taurus, il y avait la Médie, l'Arménie et la
Cappadoce, voisine de l'Euphrate et allant jusqu'au
Pont-Euxin. La Lydie était arrosée par le Tmolus,
parfumé de safran, qui donnait naissance aux eaux du
Pactole. Sardes, la capitale de Crésus, était encore une
grande ville. Sur les bords de la mer Egée s'étendait
l'Eolide. Plus au midi, l'Ionie bordait toute la Lydie et
une portion de la Carie. Là, les Grecs, heureux et intelligents héritiers de l'antique civilisation asiatique,
avaient ouvert un asile à tous les arts et à toutes les
sciences. Ephèse et Smyrne y tenaient le premier rang.
Milet, qui avait fondé quatre-vingts colonies, était
encore une grande ville, mais avait perdu son industrie
et ses richesses.

Les connaissances de Strabon sur l'Inde se bornent
aux contrées à l'ouest de l'Indus. La chasse aux éléphants, le retour périodique des pluies, l'irrigation des
rivières, se trouvent très-bien décrits par Strabon. Persé-
polis s'étendait au pied d'un vaste et magnifique château
royal, dont on voit encore les restes imposants. Les murs
de Sémiramis, le temple de Bélus et les jardins suspendus se sont écroulés, et un immense amas de briques
remplace les palais des maîtres de l'Asie. A l'ouest de
l'Euphrate, nous voyons les montagnes de la haute
Syrie, entremêlées de vallées riantes et bordées par les
sables du désert. Là coule l'Oronte, que d'innombrables
machines à roues forcent à verser ses eaux fécondantes
sur les campagnes voisines. La populeuse Antioche,
rivale de Rome, sur le Tigre, voyait accourir dans ses
théâtres, son cirque et ses boutiques, tout ce que le
monde possédait alors d'oisifs heureux. Le Liban, fidèle
asile de l'hiver au sein d'une contrée brûlante, portait
encore de vastes forêts de cèdres et ombrageait au loin
les vallées profondes de la Syrie creuse (Cœlésyrie).
Damas n'était encore connue que par la beauté de ses
environs. Tyr se soutenait par ses teintures en pourpre,

et Sidon par ses verreries. Les Druses s'établissaient dans toute l'étendue du Liban et des montagnes voisines : dans la fertile Galilée, dans la Samarie, où Césarée rivalisait avec Ptolémaïs ; dans la Judée, encore bien cultivée et fertile, avec la florissante et populeuse Jérusalem. C'est ce qui formait le nouveau royaume des Juifs, que la politique d'Hérode ne sut pas mettre sur un pied stable et sur lequel planait une cruelle destinée.

De toutes les parties du monde, l'Afrique est celle où les anciens ont fait le moins de découvertes, surtout dans l'intérieur de ce vaste pays, qui était presque entièrement inconnu au temps de Strabon, qui nous a laissé les relations d'une courageuse entreprise tentée par Eudoxe de Cyzique pour effectuer un voyage autour de l'Afrique.

Sous le règne d'Evergète II, en Egypte, le hasard voulut qu'un Indien fût amené au roi par des gardes-côtes du golfe Arabique : ils l'avaient trouvé, disaient-ils, seul et à demi mort dans un navire ; ils n'avaient pu savoir ni qui il était, ni d'où il venait, parce qu'ils n'entendaient point son langage. Mais quand on lui eut appris le grec, il raconta qu'après avoir mis à la voile du côté de l'Inde, il s'était égaré et avait abordé dans ce lieu, après avoir vu mourir de faim tous ses compagnons. Il promit que si on voulait le renvoyer, il montrerait le chemin des Indes aux pilotes que le roi voudrait charger de cette commission. Eudoxe, député de la ville de Cyzique, fut de ce nombre, et il rapporta de son voyage des aromates et des pierres précieuses ; mais le roi s'appropria le tout. Plus tard, Cléopâtre fit repartir Eudoxe, et il fut dépouillé une seconde fois de tout ce qu'il rapportait.

Mais, ayant acquis la conviction qu'il était possible de faire par mer le tour de l'Afrique, il se remit en route avec tout ce qu'il possédait, relâcha d'abord près Naples, ensuite à Marseille ; partout il rassembla des fonds, au moyen desquels il arma un grand navire et fit voile pour les Indes. Mais il fut jeté par les vents sur les côtes de l'Éthiopie. Revenant sur ses pas, il poussa cette fois son excursion jusqu'en Mauritanie, où il vendit son navire.

Dans un troisième voyage, il arma de nouveau un bâtiment à plate quille pour les côtes, et un autre long à 50 rames, pour tenir le large. Il embarqua des outils de labourage, des graines, des ouvriers pour bâtir des maisons, et recommença son voyage, résolu, si la navigation se prolongeait trop, d'hiverner dans une île qu'il avait découverte auparavant, d'y semer, d'y faire la moisson, et d'achever ensuite son entreprise. Mais personne n'a jamais su les suites de cette aventure.

L'étendue de l'Afrique vers le Midi restait donc inconnue à Strabon et à ses contemporains ; l'aridité des déserts et l'immensité de l'Océan mettaient des bornes à l'esprit de découvertes.

Le vaste continent que nous habitons parut à ce géographe se terminer au nord vers l'embouchure de l'Elbe, au sud dans les régions qu'arrose le Niger ; tandis qu'une ligne, du cap Saint-Vincent aux bouches du Gange, en marquait la plus grande étendue du couchant au levant. Voilà *cet univers* que le héros macédonien entreprit de subjuguer et dont les Romains se crurent presque les maîtres. Les bornes étroites de leur géographie expliquent comment ils ont pu croire leur *empire éternel* au-dessus de toute attaque hostile : ils ignoraient combien de vastes contrées et de peuples belliqueux avaient échappé à leur joug.

Ce n'est guère que par Pline que nous connaissons la géographie des Romains du premier siècle ; il nous a surtout laissé une peinture animée de la Germanie.

Une tradition différente de celle d'Homère se répandit en Grèce après les voyages d'Hérodote. On apprit que les Egyptiens désignaient sous le nom d'*îles Fortunées* ces cantons fertiles, semés dans les vastes déserts de la Libye, et qu'on nomma depuis *oasis*. Les Grecs de Cyrène ne manquèrent pas de s'emparer de l'idée des Egyptiens ; et ayant découvert sur la côte de la grande Syrte quelques terrains d'une brillante végétation, ils leur donnèrent le nom de *Jardin des Hespérides*. C'est là que l'oranger et le citronnier, avec leurs fruits dorés, rappelèrent aux Grecs les pommes d'or qu'Hercule avait été chercher dans l'Occident fabuleux des poëtes. Strabon en fait une oasis de l'intérieur, et Pline dit avec raison que la fable vagabonde a transporté ce nom en cent lieux divers. Plutarque voit les *îles Fortunées* dans les Canaries, et Horace en fait aux Romains cette belle peinture :

« Vous qui avez du courage, cessez vos plaintes stériles ; voguez loin des rivages de l'Etrurie : l'Océan qui ceint le monde nous est ouvert ; cherchons ces riches campagnes, ces îles bienheureuses, où la terre, sans culture, rend chaque année d'abondantes moissons ; où la vigne, sans être taillée, fleurit toujours ; où l'olivier n'offre jamais de vaines espérances ; où la figue mûre orne toujours son arbre ; là, le miel distille du creux des chênes, et l'onde limpide bondit en murmurant sur les flancs des montagnes ; là, les chèvres viennent d'elles-mêmes s'offrir à la main qui les trait, et la brebis caressante rapporte des mamelles toujours pleines : point de contagion parmi les troupeaux ; point de chaleurs funestes au bétail ; l'ours n'y vient point le soir gronder autour de la bergerie ; la terre n'est point sillonnée par d'énormes vipères. Combien d'autres avantages nous y attendent ! Nous n'y verrons ni les champs inondés par des pluies immodérées, ni le blé tendre desséché par un vent brûlant. Car sachez que les mortels n'y ont point encore introduit leurs vices ; les Argonautes n'y abordèrent point ; ni l'infatigable Ulysse, ni les navigateurs phéniciens n'ont tourné leurs voiles enflées vers ce rivage, que Jupiter réserve aux hommes vertueux. »

De l'ouest, passons avec Pline dans l'intérieur de
l'Afrique. « Le mont Atlas, dit-il, s'élevant du milieu
des sables, présente du côté de l'Afrique des sources
jaillissantes, de belles forêts et de riches campagnes,
tandis que le côté tourné vers l'Océan auquel il donne
son nom n'offre que de stériles précipices. » Ici, on
voit que Pline suppose qu'une partie de l'océan Atlantique bornait l'Afrique immédiatement après le mont
Atlas, comme ailleurs il croit que le Niger n'est qu'un
bras du Nil. Les côtes orientales de l'Afrique ne présentent chez lui qu'une suite d'obscurités et d'incerti-
tudes. Même en Europe, il aime la géographie primitive et fabuleuse. Si les *Pymées* d'Homère étaient
relégués dans l'intérieur de l'Afrique, les monts *Riphéens*
sont condamnés par Pline à n'être que le berceau des
vents du nord et le trône de l'hiver, quoiqu'à leurs pieds
la trop heureuse nation des *Hyperboréens* habitât des
vallées où régnait un éternel printemps. Ces monts,
avec leur cortége de fables, voyageaient vers le nord, à
mesure que l'on apprit à distinguer les Alpes, les Pyrénées et autres montagnes de l'Europe, d'abord confon-
dues sous cette dénomination de *monts Riphéens*.

« Ce n'est ni à pied, ni à bord d'un vaisseau, dit Pindare, que vous trouverez la route merveilleuse du pays des Hyperboréens ; de ce peuple heureux qui, au bruit des harpes, se couronne de lauriers pour célébrer la fête d'Apollon. Ni la maladie ni la vieillesse ne s'approchent de ces peuples sacrés, qui ne connaissent ni les travaux, ni les combats. »

Pline est le premier qui nomme la Scandinavie, comme une île dont l'étendue n'était pas encore connue. César, d'après les géographes grecs, avait confondu toutes les forêts et toutes les montagnes de la Germanie sous le nom de *Forêt Hercynienne*. Cette vague tradition se propagea parmi les géographes romains, et Pline, qui nous décrit si bien la Germanie, ne s'en forme guère une idée plus exacte. Ces sombres forêts et ces tristes marécages étaient peuplés de bisons, d'élans et de chevaux sauvages. On y voyait fourmiller les oies, dont Pline connaît déjà le nom allemand. Le fer belliqueux brillait seul dans la cabane du Germain. Point de vignobles, point d'arbres fruitiers, excepté quelques cerisiers sur les bords du Rhin ; mais on récoltait de l'orge et de l'avoine, beaucoup de légumes, et le lin venait en quantité suffisante pour fournir aux indigènes leurs vêtements ordinaires. L'éducation des gens libres et des esclaves était également dure et grossière ; tous couchaient sur la terre à côté des bestiaux. Des cérémonies touchantes marquaient l'indissolubilité du mariage : l'homme donnait à la femme une paire de bœufs, un cheval équipé, un bouclier et une lance ; elle lui faisait aussi présent d'une arme ; il fallait ensuite partager les biens et les maux, vivre et mourir ensemble. Les Germains détestaient les villes murées, et un intervalle séparait l'une de l'autre leurs cabanes rustiques. Quelques-uns demeuraient dans des cavernes. Tous aimaient à passer autour d'un grand foyer les longs loisirs que leur laissaient la guerre et la chasse. Du gibier, du lait caillé, quelques fruits agrestes, telle était leur nourriture ; et ils ne buvaient que de la bière, jusqu'à ce que les Romains leur fissent connaître le vin, espérant soumettre par leurs vices ces peuples qui bravaient leurs armes. Le mépris de la vie et la soif des combats leur faisaient se livrer entre eux des guerres sanglantes. Mais bientôt ils se réunirent dans de grandes confédérations, qui, sous les noms de Goths, de Vandales, de Francs et d'autres, rendirent à l'Europe sa liberté primitive.

Deux expéditions de César firent connaître une extrémité de la Grande-Bretagne. Les guerriers de Rome refusèrent d'abord de se laisser conduire dans ce *nouveau monde*; et trente ans après la conquête, Pline n'osa pas tracer une description des îles Britanniques. Ce ne fut que dans le IIe siècle que de nombreux itinéraires et des journaux de navigateurs fournirent à Ptolémée les matériaux d'une description mathématique de ces îles. Les sauvages indomptables qui arrêtèrent dans les montagnes de l'Ecosse le vol des aigles romaines étaient désignés sous le nom de Calédoniens, et plus tard de *Picti*, à cause des figures peintes dont leurs corps gigantesques étaient couverts. Les Romains connaissaient à peine l'âpre Helvétie (Suisse) et même le pays des *Sequani*, un des plus beaux de la Gaule. L'Arar (Saône) le baignait à l'ouest; le Rhin et plus tard le Vogesus (Vosges) le terminaient au nord; la rivière *Dubis* (Doubs) le traversait et formait une presqu'île où s'élevait *Vesontio* (Besançon). La Gaule Narbonnaise, qui s'étendait sur le Rhône et la Méditerranée, est la seule partie où la géographie des Romains soit complète. Par sa culture florissante, par les mœurs et le mérite de ses habitants, par l'éclat de ses richesses, la Narbonnaise était moins une province qu'une seconde Italie.

Dans l'est de l'Europe, Ptolémée nous étonne par une description assez exacte du cours du grand fleuve le Volga, qu'il appelle *Rha ;* il connaît même la *Kama,* venant des monts Ouraliens et qu'il nomme *Rha oriental.* Il est probable que dès le ive siècle, des caravanes de commerce y allaient chercher la rhubarbe et d'autres productions de l'Asie centrale. Le cours du Tanaïs (Don), que Strabon dirigeait du nord au sud, offre chez Ptolémée une courbure semblable à celle qu'il présente sur les cartes modernes. Il bannit de sa carte la Scythie, et il étend la Sarmatie européenne depuis le Tanaïs jusqu'à la Vistule et aux monts Carpathes. Les navigateurs grecs et romains paraissent avoir visité les côtes de la Baltique jusqu'aux environs de la Vistule, et les voyages des marchands d'ambre jaune et de pelleteries allaient par terre jusqu'en Livonie, où se termine la chaîne des peuplades nommées par Ptolémée. Ce géographe n'admettait pas la communication de l'océan Atlantique avec

la mer Erythrée (mer des Indes), et il pensait, au contraire, que la côte occidentale de l'Afrique s'étendait
indéfiniment entre le sud et l'ouest. L'intérieur de
l'Afrique présente chez lui une grande masse de notions
confuses ; mais il est le premier des anciens qui ait
annoncé avec certitude l'existence du fleuve Niger,
obscurément indiqué par Pline. Il croyait aussi que les
extrémités de l'Asie, à lui connues, se dirigeaient au
sud, et se confondaient avec une terre inconnue qui
allait à l'ouest joindre l'Afrique : ce qui prouve qu'on
n'avait point encore franchi la presqu'île de Malacca.
Quant à l'intérieur de l'Asie, c'est parmi les montagnes
du Thibet et aux bords du grand désert de Kobi,
qu'expirent les dernières clartés de la géographie ancienne.

V.

VOYAGES ET DÉCOUVERTES DES ARABES, DES CHINOIS ET DES NORMANDS.

Ignorance des Arabes à l'égard de l'Europe. — Iles fabuleuses. — Voyages des Almagrurins. — Les Arabes en Chine. — Expédition des Chinois aux Indes et à la mer Caspienne. — Leurs relations avec la Perse. — Excursions des Normands et des Scandinaves.

Cosmas, moine égyptien du vi[e] siècle, dans sa *Topographie du Monde chrétien*, considère la terre comme une vaste surface plane, entourée d'une muraille ; le firmament comme une voûte appuyée sur cette muraille, et la succession des jours et des nuits comme l'effet d'une grande montagne placée au nord de la terre, et derrière laquelle le soleil se cache tous les soirs. Cette cosmo—

graphie, adoptée par beaucoup d'écrivains chrétiens, est un monument de la grande influence que la géographie poétique d'Homère eut sur les idées même des générations les plus éloignées. Une carte composée en 787 représente la terre comme un planisphère circulaire, composé de trois parties inégales. Au midi, l'Afrique est séparée par l'Océan d'une terre appelée la quatrième partie du monde, où est le séjour des antipodes fabuleux.

Mais dans ces temps d'ignorance relative, la science est remise en honneur et cultivée avec succès par les Arabes. Massoudi écrivit en 947 une histoire générale des royaumes les plus connus des trois parties du monde; et il entre dans de grands détails géographiques sur l'Afrique, l'Inde et l'Asie moyenne. Vers l'an 1153, le schérif Al-Edrisi composa à la cour de Roger Ier, roi de Sicile, ses *Récréations géographiques*, pour donner l'explication d'un globe terrestre en argent que ce prince avait fait construire. Le XIVe siècle, déjà si fécond en géographes arabes, produisit encore un voyageur, Ibn-Batouta, resté inconnu à l'Europe savante jnsqu'à ces dernières années. Pendant vingt ans, il parcourut l'Egypte, l'Arabie, la Syrie, les provinces de l'empire grec, la Tartarie, la Perse, l'Inde et la Chine. De retour en Afrique, à Tanger, sa patrie, il visita l'Espagne; puis, repassant la mer, il traversa l'Atlantique et pénétra à Tombouctou et jusqu'au fond du Soudan.

En dehors des pays soumis au Coran, les Arabes ont connu les contrées de l'Europe les plus reculées et les déserts de l'Asie au delà de la mer Caspienne; mais les notions isolées qu'on trouve chez eux sur quelques pays et villes, comme sur l'Irlande, sur Paris et l'Angleterre, sur la ville de Kiev et quelques autres endroits, font à peine comprendre comment ils ont obtenu sur quelques points ces renseignements précis, tandis qu'ils savent si peu sur tant d'autres contrées voisines.

Maîtres de l'Afrique connue, ils parcoururent cette partie du monde jusqu'aux environs de Sofala à l'orient, et jusqu'au delà des bords du Niger dans l'intérieur; mais, sur les côtes occidentales, leurs connaissances semblent s'être arrêtées vers le cap Blanc. Parmi les îles *Fortunées* de la mer Occidentale ou Ténébreuse, les Arabes semblent avoir connu Ténériffe avec sa célèbre montagne. Leur *Kulhan*, où les hommes ont des têtes semblables à des monstres marins, pourrait bien être la Calédonie, et la terre de *Moustakkin*, remplie de serpents, l'Irlande actuelle.

Huit Arabes de Lisbonne, auxquels on donna le nom d'*Almagrurins* ou *errants*, entreprirent un voyage pour découvrir les terres les plus reculées à l'occident ; ayant navigué onze jours à l'ouest et vingt-quatre jours au midi, ils trouvèrent plusieurs îles. L'une d'elles était très-riche en brebis, dont la chair amère ne pouvait se manger. Une autre était habitée par des hommes qui leur dirent que l'Océan était encore navigable trente journées plus loin, mais qu'au delà l'obscurité empêchait d'avancer. Ces îles faisaient peut-être partie de cette grande île hypothétique que plusieurs cartes faites avant les découvertes de Christophe Colomb placent à l'occident de l'Europe ; mais il est plus probable que c'étaient les Canaries, puisqu'ils revinrent au port d'Asfi, situé dans l'Afrique la plus occidentale.

Les Arabes, maîtres de l'Afrique orientale, ne savaient pas que la mer *Herkend* (océan Indien) ne faisait qu'un tout avec la mer Atlantique, et plusieurs de leurs géographes croient, comme Ptolémée, à l'adhérence des parties méridionales de l'Afrique et de l'Asie. Ils connurent la plupart des peuples de l'Asie jusqu'au centre ; mais la partie la plus reculée au nord, où l'Obi et la Léna arrosent les déserts des Tongouses et autres peuplades barbares, ne se montre à eux qu'au milieu d'un nuage de fables. Ils visitèrent la Chine dès l'année 715, et dans le ix⁰ siècle, ils sont arrivés par mer jusqu'à Canton. L'Hindoustan forme pour eux deux provinces, le *Sind* et le *Hind* ; mais ils ne connaissaient ni l'intérieur ni la côte de Coromandel. En revanche, ils peignent les délices de la vallée de Cachemire et de ses villes populeuses. Ils vantent la beauté de Delhy, qui, dans ce temps, était la plus vaste de toutes les contrées orientales soumises à l'islamisme. Ils fréquentèrent aussi les îles Maldives pour le commerce des coquillages servant de monnaie.

Quant aux Chinois, ce ne fut que vers le milieu du ii⁰ siècle avant notre ère, qu'ils commencèrent à avoir des rapports réglés avec les pays de l'Occident. Dans le i⁰ʳ siècle, ils firent un voyage dans l'Inde, pour rapporter dans leur patrie des livres relatifs à la religion de Bouddha. Leurs expéditions vers la mer Caspienne avaient principalement pour but le commerce entre la Chine et le *Grand-Thsin*, ou l'empire romain. *Fa-hian* descendit le Gange jusqu'à son embouchure. De là, il s'embarqua sur un grand vaisseau marchand, qui, en naviguant vers le sud-ouest, arriva en quatorze jours et autant de nuits dans le *royaume des Lions*, aujourd'hui Ceylan. Dans la description qu'il fait de cette île, il vante la beauté des rues et la magnificence des édifices. Il assista à la grande cérémonie qui avait lieu à l'équinoxe du printemps et dans laquelle on exposait à la vénération publique une dent de Bouddha, probablement la même qui, mille ans plus tard, fut détruite par les Portugais. A son retour, une tempête le rejeta sur Java, qu'il appelle le royaume *Yéphoti*; et après avoir visité plus de trente royaumes, il revint dans sa patrie, après douze années d'absence. D'autres voyages de ce temps nous prouvent que les Chinois n'étaient pas ignorants de ce qui se passait chez les nations étrangères.

Tandis que le peuple de Mahomet étendait ses courses victorieuses jusqu'aux extrémités de l'Orient, les frères des Goths et des Hérules reparaissaient de nouveau sur la scène du monde sous le nom de Normands; mais, arrêtés au centre de l'Europe par les rois de France et d'Allemagne, ces nouvelles excursions des Scandinaves durent principalement avoir la mer pour théâtre. C'est à leurs entreprises du xe et du xie siècle que nous devons quelques notions positives sur les nations du Nord. Le témoignage de Tacite, d'accord avec les historiens islandais, prouve assez que les *Sviones* formaient dans la haute Suède, et dès le i^{er} siècle, une nation puissante et plus civilisée que les tribus de la Germanie. Depuis le ixe siècle, les navigateurs scandinaves visitèrent les îles et les côtes les plus reculées de la mer du Nord. L'Irlande, quoique très-éloignée de leur patrie, fut découverte de très-bonne heure, et leurs descendants se maintinrent longtemps aux environs de Dublin, sans se mêler avec les indigènes. L'audace ou le hasard conduisit, vers l'an 861, un bâtiment scandinave aux îles *Fœroé*: cet archipel lointain semblait annoncer d'autres terres, et le vol des corbeaux confirmait cet indice. En effet, l'Islande fut bientôt découverte, et les premiers navigateurs scandinaves indiquèrent la vraie circonférence de cette île, célèbre par les manuscrits qui ont été conservés et par les services que ses habitants ont rendus à l'histoire du Nord.

Plus tard, Nicolas Zeno, allant de l'Islande orientale vers le Nord, trouva une *Terre* dont il fait la description suivante : « Il y a dans cet endroit une source d'eau bouillante avec laquelle des religieux échauffent l'église, le monastère et leurs cellules. De petits jardins couverts sont arrosés avec cette eau, ce qui les garantit de la neige et du froid, qui est très-piquant dans ces pays si près du pôle. Par ce moyen, on fait venir des fleurs, mûrir des fruits et pousser diverses plantes qui végètent comme dans les pays tempérés ; au point que les sauvages grossiers qui habitent ces contrées prennent les religieux pour des êtres surnaturels. Ils n'emploient pour leur monastère d'autres matériaux que ceux qui leur sont fournis par le *volcan*. Les pierres brûlantes qui sortent de la bouche de la montagne, sont aussitôt arrosées : elles se dissolvent par ce moyen et se convertissent en une bonne chaux, qui, après avoir été employée, se lie si bien, qu'elle dure à jamais. Ces scories, quand elles sont froides, servent, en guise de pierres, à faire des voûtes et des murs très-solides. Là, on n'est guère incommodé par la pluie ; car la première neige qui tombe est gelée pendant neuf mois, temps que dure l'hiver. Le peuple vit d'oiseaux sauvages et de poissons. L'eau chaude du volcan, en se jetant dans un grand golfe, empêche la mer d'y geler ; ce qui attire en cet endroit une si grande quantité de poissons et d'oiseaux, que les religieux en prennent pour nourrir un grand nombre d'habitants, qu'ils occupent à bâtir, à chasser et à divers autres ouvrages. Leurs maisons sont bâties autour de la montagne, de chaque côté ; elles s'élèvent en cône, et une petite ouverture est ménagée au sommet, pour avoir du jour ou de l'air. Le plancher est si chaud, que le froid le plus rigoureux ne se fait point sentir dans l'intérieur.

« Il arrive dans cet endroit, pendant l'été, un grand nombre de petits navires des îles voisines et du cap de la Norvége ; ils sont chargés de bois de chauffage, de draps et de différents grains, qu'on donne en échange de peaux d'animaux et du poisson que les Pères ont fait sécher au soleil ou conservé par le froid de l'hiver. Des moines de Norvége, de Suède et d'autres pays, se rendent à ce monastère, où l'on trouve pendant l'hiver un grand nombre de navires entourés de glace et qui attendent le retour du printemps.

« Les barques des pêcheurs de ce pays ont la forme d'une navette de tisserand et sont faites d'os d'animaux marins, recouverts de peaux de poissons; elles sont si imperméables et si solides, que, dans les plus grandes tempêtes, les pêcheurs se contentent de se tenir tranquilles, bien convaincus que leurs barques ne courent pas risque d'être fendues ou submergées. »

Ce pays, que Zeno appelle *Engroveland,* n'est autre que le Groënland.

Un Frislandais (îles Fœroé), ayant entrepris avec quelques compatriotes une expédition maritime plus au sud, tomba entre les mains d'une nation d'anthropophages, et fut seul épargné à cause de son habileté dans la pêche. Comme chacun voulait posséder un esclave aussi utile, il devint un sujet de guerre entre les chefs de ces sauvages. Transféré d'un maître à l'autre, il fut à portée de connaître toute cette contrée. A son retour, il assura que c'était un pays fort étendu et comme un *nouveau monde.* Les habitants, ignorants et grossiers, ne savaient pas même se couvrir avec les peaux de bêtes qu'ils tuaient à la chasse. Armés d'un arc et d'une lance de bois, ils se livraient des combats continuels. Le vainqueur dévorait le vaincu. Plus loin, au sud-ouest, des peuples un peu plus civilisés connaissaient l'usage des métaux précieux, bâtissaient des villes et des temples, mais offraient cependant des sacrifices humains à leurs affreuses idoles. Toutes ces relations de voyageurs naïfs ou hardis nous ont convaincu que les peuples scandinaves avaient, sans le savoir, connu l'Amérique avant Christophe Colomb.

VI.

TERRES INCONNUES AU MOYEN-AGE.

Voyage d'Anschaire. — Travaux entrepris par les souverains. — Révolutions de l'Asie et de l'Afrique. — Les Mongols. — Voyages du moyen-âge et cartes. — Découverte de Madère.

Les découvertes des Arabes et des Scandinaves dans les pays inconnus aux anciens restèrent assez longtemps cachées aux savants de l'Europe chrétienne. Cependant la justice nous fait un devoir d'avouer que le clergé, dans le moyen-âge, rendit des services à la géographie comme aux sciences en général. Les annalistes de cette époque, moines pour la plupart, insérèrent souvent dans leurs écrits les descriptions des pays voisins ou éloignés.

L'abbé de Werum, à l'occasion d'une croisade en Palestine, fit la relation du voyage entier, avec la description de tous les pays que les croisés traversèrent depuis les Pays-Bas jusqu'en Palestine. Mais ce furent surtout les prédicateurs de la foi chez les païens qui reculèrent les limites du monde connu. Saint Boniface, apôtre des Allemands, nous a fait connaître les pays et les peuples à l'orient de la Gaule ; puis il alla chez les Slavons, et envoya aux souverains pontifes des relations sur ces peuples sauvages. Les missionnaires, conjointement avec les commandants des frontières, firent encore connaître les nations de l'Oder et de la Vistule. Un ermite espagnol visita l'ile de Rugen, dont les habitants repoussaient les étrangers de leurs côtes, comme font aujourd'hui les habitants de la Nouvelle-Zélande. Avant ce voyage, on n'avait jamais entendu parler de la Baltique. Sous Louis le Débonnaire, Anschaire, moine de Corbie, ouvrit aux chrétiens la patrie des redoutables Normands, et parcourut les royaumes de Suède et de Danemark, peu connus jusqu'alors.

Quelques souverains surent apprécier la science qui

montre aux rois les limites des empires, et qui trace aux héros la route des conquêtes. Les princes scandinaves, si la boussole leur eût été connue, auraient fait le tour du monde. Les autres princes de l'Europe firent faire des cartes pour reconnaître les terres de leur royaume.

Mais les principaux progrès des découvertes pendant le moyen-âge furent dus aux grandes révolutions de l'Asie.

Les Mongols sortent de leurs immenses déserts, et tout le nord de la Chine est envahi. Bientôt ils s'étendent du grand désert de Kobi jusqu'au delà de la mer Noire. Ils soumettent l'Asie Mineure, la Russie entière, la Pologne, la Silésie, et dévastent la Hongrie. Le califat de Bagdad est anéanti, et la Chine méridionale, avec une partie de l'Inde, passe sous leur joug. L'Asie entière, moins le Japon, défendu par les vents et les flots, était sur le point d'être réunie en un seul empire. Mais l'immense monarchie mongole se partage bientôt en plusieurs *khanats*. Cette grande révolution, en bouleversant l'Asie, la fit connaître. Ces événements attirèrent l'attention des Européens sur la patrie de ces dévastateurs et sur les nations qu'ils avaient subjuguées. Le pape cherche, par ses envoyés et par des missionnaires, à détourner ce fléau menaçant. Quelques journaux de ces ambassades se sont conservés jusqu'à nos jours, et les noms de Carpin, d'Ascelin et de Rubruquis y brillent au premier rang. C'est par eux que nous avons d'abord connu la Tartarie et les pays des Mongols. En 1312, Jean de Monte-Corvino était évêque de Pékin. Non-seulement des missionnaires, mais aussi des troupes de prédicateurs, entreprirent ces voyages pénibles par l'ordre des papes et par zèle pour la religion.

D'un autre côté, l'infatigable esprit de commerce porta les marchands italiens chez les Tartares, les Mongols et autres nomades de l'Asie. Durant environ deux cents ans, les Génois et les Vénitiens firent, comme les Romains, le commerce de l'Inde et de la Chine, par caravanes, qui partaient de la mer Noire, l'Egypte étant fermée par suite de l'animosité entre les chrétiens et les mahométans.

Plus tard, Alexandrie devint le grand entrepôt des marchandises des Indes, jusqu'à l'époque où les Portugais découvrirent la route plus commode du cap de

Bonne-Espérance. Tous ces voyages du moyen-âge offrent beaucoup d'obscurités. Le pays qu'on parcourait n'était en général que des déserts habités par des nomades, et on était obligé de suivre les hordes de Tartares dans leur vie errante et d'endurer avec eux la faim et la soif. Dans cette situation, les voyageurs ne pouvaient guère faire des observations sérieuses sur ce qu'ils voyaient; et ils étaient obligés d'écrire de mémoire à leur retour, comme le prouvent les exemples de Marco-Polo et de Mandeville.

Dans les cartes de ce temps, l'Afrique finissait au nord de l'équateur; mais on y trouve quelquefois, du côté de l'ouest, les découvertes importantes du xii⁰ et xiii⁰ siècles, comme l'île de Madère (île aux bois); les îles Orcades, où il y a six mois de jour; la Suède, la Norvége, l'Irlande. On se faisait encore des idées singulières et charmantes sur plusieurs pays. « En Hibernie (Irlande), il y a beaucoup d'îles qu'on peut croire merveilleuses, parmi lesquelles il s'en trouve une petite où les hommes ne meurent jamais. Là aussi il y a des arbres qui portent des oiseaux comme d'autres arbres portent des figues mûres. Les îles Fortunées sont situées sur la grande mer, du côté de la main gauche, touchant la limite de l'Occident. La mer d'Allemagne (Baltique) est gelée pendant six mois de l'année, et on peut y voyager avec des chariots traînés par des bœufs, à cause des froids du nord. »

Si ceci est exact, le nord de l'Europe a changé de température.

Combien d'aventureuses courses dont l'histoire n'a conservé aucun souvenir ! Combien d'infortunés précurseurs de Christophe Colomb, qui, engloutis dans les flots ou naufragés sur quelque plage déserte, n'ont recueilli pour fruit de leur noble audace qu'une mort ignorée !

VII.

PRÉCURSEURS DE CHRISTOPHE COLOMB.

Voyages d'Ascelin, de Carpin, de Rubruquis, de Marco-Polo et de
Mandeville. — Découvertes des Portugais en Afrique et en Asie.

Les Ascelin, les Carpin et les Rubruquis sont aussi
dignes de notre éternelle reconnaissance que les Colomb
et les Cook. C'était la voix du souverain pontife qui
leur ordonnait de franchir tant de fleuves glacés et tant
d'âpres montagnes pour aller fléchir le cœur des sauvages monarques du désert, et pour détourner sur l'empire de Mahomet l'orage qui menaçait les peuples chrétiens. C'était l'image de la religion éplorée qui, au milieu

d'affreuses solitudes, ou parmi des hordes plus affreuses encore, brillait devant leurs yeux comme un astre con—solateur.

Nicolas Ascelin, moine dominicain, fut envoyé, en 1245, aux khans tartares et mongols qui, peu auparavant, avaient ravagé la Pologne, la Silésie et la Hongrie, et qui alors gouvernaient la Russie avec un sceptre de fer. Il partit de Ptolémaïs, traversa la Syrie, la Mésopotamie et la Perse, et se rendit auprès du général mongol, qui campait avec ses nomades sur la rive orientale de la mer Caspienne. Il revint à Léon, après une absence de trois ans et sept mois.

Carpin, frère mineur de Saint-François, passa par la Bohême, la Silésie et la Pologne, pour aller à Kiev, alors capitale de la Russie; puis il traversa la Kumanie, le long de la mer Noire, et dans sa route il apprit les noms actuels des quatre grands fleuves qui arrosent la Russie. Ce que les Arabes et les auteurs bysantins avaient écrit, avant Carpin, sur les peuples et les pays qu'il parcourut, n'ayant pas été répandu chez les chrétiens de l'Europe occidentale, il est le premier qui les leur ait fait connaître.

Le bruit général que le grand khan des Mongols avait embrassé la religion chrétienne porta saint Louis, roi de France, à envoyer à ce prince un frère mineur nommé Rubruquis. A son passage par la Crimée, celui-ci y découvrit les restes des anciens Goths, qui parlaient allemand. Les provinces russes qu'il visita ensuite, le long du Volga et de la mer Caspienne, étaient dévastées par les Mongols, qui à chaque instant lui demandaient des vivres, des présents et même des friandises. Après avoir éprouvé bien des fatigues et traversé bien des déserts, il constata avec douleur que le Mongol ne s'était pas converti. Mais il écrivit une relation intéressante de son voyage et nous fit savoir le premier que la mer Caspienne est un lac isolé.

De tous les voyageurs du moyen-âge, le plus célèbre, est Marco-Polo, noble vénitien. Son ouvrage sur les pays orientaux fut longtemps le manuel de toute l'Europe pour la géographie de l'Asie. Il est le premier qui ait pénétré dans plusieurs îles de l'océan Indien, auparavant enveloppées de fables, et jusque dans les hauts plateaux du Thibet, où fourmillent des animaux sauvages dans des forêts de bambous (roseaux). Marco-

Polo parcourut presque toute la Chine et fut même
pendant trois ans gouverneur de la ville d'Yangui. Il
décrit Pékin et ses douze faubourgs ; Nankin et son
district, très-important par son riche commerce de soie.
S'il ne fait pas mention du thé, il n'a pas oublié la por-
celaine, dont la terre restait exposée à l'air durant trente
et quarante ans. Il parle aussi du Japon, dont les habitants adoraient des idoles monstrueuses à plusieurs têtes
et à plusieurs bras. Sa description de l'Inde ne regarde
guère que les côtes, mais il s'étend beaucoup sur les
coutumes des habitants et nous parle des brahmines,
sans le secours desquels on ne pouvait faire la pêche des
perles, parce qu'ils avaient le pouvoir de maîtriser les
monstres marins. Les chevaux, à cause du manque de
fourrage, y étaient nourris de riz cuit et même de viande :
récit confirmé par les voyageurs modernes, car on
donne encore aujourd'hui aux chevaux de l'Inde de l'ail,
du beurre et des têtes de mouton bouillies. Quant aux
habitants, il leur était défendu de manger du bœuf et
de boire du vin. Il avait aussi appris que l'apôtre saint
Thomas était venu prêcher le christianisme aux Indes,
qu'il était enterré dans la ville de Méliapour, et qu'auprès

de son tombeau, il se faisait beaucoup de miracles. Après la description de l'Inde, vient celle de la Perse, de l'Arabie, de l'Afrique orientale, et enfin celle des déserts de l'Asie septentrionale.

Le désir de parcourir les pays étrangers et de voir les célèbres merveilles de l'Asie engagea Jean Mandeville, chevalier anglais, à quitter sa patrie en 1327. Conformément au goût de son temps, il rapporte les choses les plus incroyables : ce sont des îles habitées par des géants de cinquante pieds de haut, des montagnes au sommet desquelles on voit des têtes de diables qui vomissent feu et flamme. Mais il est temps de quitter les voyageurs d'Asie et d'aller observer sous d'autres climats le nouvel essor de l'esprit de découvertes.

Une nouvelle carrière va s'offrir à nos regards. La vaste étendue de l'Afrique et les chaleurs de la zone torride avaient paru à la plupart des anciens rendre impossible la navigation autour de l'Afrique. Le commerce entre l'Europe et l'Inde avait suivi constamment les deux routes de l'Euphrate et d'Alexandrie ; mais les évènements amenèrent une révolution qui, avec la découverte du Nouveau-Monde, concourut à changer la face de l'Europe et à fixer dans l'Occident le siège de la civilisation moderne.

Les Portugais, ayant chassé les Maures de leur pays, poursuivirent jusque sur les rivages de l'Afrique ces ennemis du nom chrétien. On voulut exterminer leur religion, tout en s'emparant de leurs richesses, et chaque victoire entraîna une nouvelle expédition. On vit accourir en Portugal tous ceux qu'animait le goût des entreprises, tous ceux que tourmentait le besoin de la gloire. Les dames de Lisbonne concoururent à exalter cet enthousiasme universel ; elles refusaient leur main à celui qui n'avait pas fait sur les rivages africains ses preuves de bravoure. Enfin, la boussole, d'origine incertaine, avait permis aux marins de quitter les rivages et de parcourir la haute mer. En 1442, Lisbonne vit avec étonnement les premiers esclaves noirs avec leurs cheveux crépus ; et en 1445, les Portugais arrivèrent au Sénégal, où ils trouvèrent les premiers nègres païens. Peu après, le Génois Antoine Noli découvrit les îles du Cap-Vert, et Pierre de Cintra atteignit le premier la côte de Guinée. Déjà la côte d'Afrique, en se repliant vers l'est, semblait ouvrir la route de l'Inde, mais l'état imparfait de la navigation retarda seul le progrès des découvertes. Enfin Barthélemi Diaz, en 1486, atteignit l'extrémité méridionale, qu'il nomma cap des *Tourmentes*.

D'après la connaissance qu'on avait acquise d'une mer qui s'étendait au sud de l'Afrique, Vasco de Gama fut envoyé, en 1497, à la recherche des Indes par cette voie. Et toutes les côtes de l'Afrique orientale se déployèrent pour la première fois aux regards des Européens. La *mer Ténébreuse*, au delà de Sofala, qui avait paru inaccessible aux Arabes, fut parcourue en tous sens. Gama, n'ayant pas touché à Sofala, découvrit Mozambique, et bientôt les Portugais éprouvèrent une surprise agréable : une ville d'Afrique leur présenta des maisons et des mœurs civilisées ; c'était une colonie arabe. A Mélinde, Gama trouva des commerçants indiens qui le guidèrent dans sa route. Ainsi les côtes de l'immense péninsule d'Afrique furent entièrement connues, et l'Asie explorée de nouveau.

Les Portugais ne tardèrent pas à arriver aux montagnes des *Ghattes*, d'où sortent tous les grands fleuves du Coromandel, après avoir découvert Malacca et les îles des Epiceries. Bientôt ils pénétrèrent en Chine, en abordant à Canton, et depuis ils parcoururent tout l'archipel oriental des Indes. Il est probable qu'ils ont visité les côtes de la Nouvelle-Hollande, qu'ils regardaient sans doute comme une partie du grand continent austral, dont on admettait l'existence d'après Ptolémée. En 1542, Antoine de Mota, qui tâchait, malgré les défenses, de pénétrer en Chine, fut jeté par la tempête sur les côtes du Japon, dont les habitants reçurent les étrangers très-amicalement. Cette découverte fut bientôt poursuivie avec ardeur, et les jésuites y établirent des missions, répandirent partout la religion chrétienne et publièrent plusieurs descriptions de ce pays.

C'est ainsi que les Portugais avaient été conduits des extrémités occidentales de l'Europe jusqu'aux lieux où l'immense Océan oriental semble avoir brisé en mille morceaux la vaste masse de l'Asie, pour semer des îles dans cette plaine liquide incommensurable. Ils avaient dépassé ce redoutable promontoire où la muse de Camoëns vit le génie de l'Océan, du haut d'un trône de nuages, secouer en courroux son sceptre flamboyant, qui soulevait les flots et déchaînait les tempêtes. Tout avait cédé au courage d'une petite nation européenne, et toutes les côtes de l'Asie et de l'Afrique envoyaient leurs tributs à Lisbonne.

VIII.

DÉCOUVERTE DE L'AMÉRIQUE.

Christophe Colomb. — La boussole et l'Orient. — Idées nouvelles de
John Mandeville, de Brunelleschi, de Toscanelli et de Colomb. —
Études de ce dernier et ses convictions. — Ses démarches et son
départ. — Révolte de l'équipage. — On découvre la terre ferme. —
Plusieurs voyages et mort de Colomb. — Améric Vespuce.

Pendant que le Portugal poursuivait vers l'Orient le
chemin de la gloire et des richesses, l'Espagne fut, malgré elle, entraînée dans les vastes projets de Christophe
Colomb.

Au commencement du xive siècle, les Génois et les
autres peuples de la Méditerranée se mirent à faire
usage de la boussole et à s'engager dans la haute mer,

sur la foi de ce petit instrument qui allait frayer aux Européens tous les chemins de l'Océan. L'Orient, l'Inde surtout, était pour l'imagination du moyen-âge le pays des richesses fabuleuses. Là, les denrées exquises, les pierres précieuses, l'or, se trouvaient à profusion. Pour arriver à ces merveilleuses contrées, on ne connaissait d'autres voies que celles de l'Asie.

La relation écrite de John Mandeville, dont nous avons parlé plus haut, est remarquable principalement par certaines idées cosmographiques sur la rotondité de la terre, la possibilité d'en faire le tour, l'existence des antipodes, question de première importance pour la découverte d'une nouvelle voie vers les Indes. L'idée vague qu'il devait exister un autre continent préoccupait cependant les navigateurs et les mathématiciens. Brunelleschi, célèbre architecte florentin, avait souvent parlé à son élève Toscanelli de l'idée d'un autre hémisphère. Ce dernier, à son tour, avait souvent confirmé dans cette pensée un jeune Génois, Christophe Colomb, qui rêvait la découverte d'un nouveau chemin vers les Indes. Tandis que les Portugais cherchaient par le sud de l'Afrique, en se dirigeant vers l'Orient, Colomb se demandait si le chemin ne serait pas plus court par l'Occident. Déjà, par de savantes études, il était parvenu à se former, sur la véritable figure de la terre, des notions plus exactes que celles de la plupart des savants de son siècle. En considérant l'étendue et la masse énorme des terres qui pèsent sur notre hémisphère, il avait supposé que des terres équivalentes devaient leur servir de contrepoids dans l'hémisphère opposé. Enfin, les récits de Marco-Polo, suivant lesquels le nord de la Chine et du Japon s'étendait plus à l'est qu'aucune partie de l'Asie connue des anciens, ne contribuèrent pas peu à confirmer Colomb dans l'idée que c'était par l'ouest que les navigateurs devaient chercher ce passage.

Plein de ces idées, Colomb offrit au sénat de son pays d'aller, sous le pavillon de la république, à la recherche des pays nouveaux qu'il devait découvrir; mais il fut traité de visionnaire par ses compatriotes et même par les Portugais, à qui il s'adressa plus tard. Enfin il aborda en Espagne en 1484. A cette époque, les rois catholiques étaient fort occupés de cette guerre contre les musulmans qui, après huit siècles de combats, allait se terminer par la chute de Grenade. Ce ne 'fut qu'après de nombreuses démarches que Colomb parvint jusqu'au roi et à la reine, qui consentirent à l'écouter. La commission chargée d'examiner son projet soutenait que Colomb trouverait une mer sans limites, ou bien encore qu'il arriverait à un point où la figure convexe de la terre le mettrait dans l'impossibilité de revenir sur ses pas, et qu'entraîné par la chute des flots, il serait précipité avec eux dans des abîmes sans fond. Après cinq années de conférences inutiles, le projet fut rejeté.

Mais aussitôt que Grenade fut prise, les amis de Colomb profitèrent de la circonstance pour faire de nouvelles instances auprès d'Isabelle de Castille. La reine les écouta favorablement, et on parvint à ramener Colomb qui s'éloignait de l'Espagne, résolu à n'y jamais rentrer. Le 17 avril 1492 on signa le traité par lequel Colomb fut élevé à la dignité d'amiral et nommé vice-roi de toutes les îles et de tous les continents qu'il découvrirait dans le cours de son expédition. Trois bâtiments composaient son escadre. L'expédition était approvisionnée pour douze mois et ne portait que quatre-vingt-dix hommes, parmi lesquels une vingtaine d'aventuriers et quelques gentilshommes qu'Isabelle avait chargés d'accompagner Colomb.

Le 3 août 1492 on mit à la voile. Après un long mois de navigation, la petite flotte continuait de voguer dans la même direction, lorsque quelques oiseaux inconnus vinrent se percher sur les mâts de l'un des navires. En même temps, on remarqua que la mer prenait une couleur verte, causée par une multitude d'herbes qui flottaient à sa surface; mais on jeta la sonde sans pouvoir atteindre le fond, et on jugea que la terre était encore éloignée. Quelques matelots se mirent à pleurer, et Colomb ne parvint qu'avec peine à ranimer leur courage.

Le 1er octobre, on était déjà à 770 lieues, et Colomb n'en annonça que 500 à ses matelots. Cependant, à leurs yeux l'espérance de trouver la terre est à jamais détruite : les difficultés de retour se présentent à leur esprit et jettent tout à coup dans l'équipage une profonde terreur. Aux plaintes, aux reproches, succèdent bientôt les menaces. Tous conviennent qu'il faut, pour le salut commun, contraindre leur chef insensé à retourner sur ses pas. Quelques-uns plus furieux veulent le jeter à la mer. Le courage et la présence d'esprit tirèrent Colomb de ce mauvais pas. Il promit aux uns la gloire, aux autres la fortune, à tous des récompenses et des honneurs lorsqu'ils rentreraient dans leur patrie. Ces promesses éloquentes apaisèrent les matelots, réveillèrent leur enthousiasme, et l'on continua de s'avancer en suivant le cours du soleil.

Mais bientôt les plaintes et les murmures devinrent plus menaçants que jamais sur les trois vaisseaux à la fois. Les officiers eux-mêmes avaient fini par se joindre aux matelots, et tous exigeaient avec d'horribles menaces que l'escadre reprît sur-le-champ la route de l'Europe. Cette fois Colomb est forcé de capituler ; mais il obtient trois jours encore, pendant lesquels il interroge les astres, attendant avec anxiété le bienheureux rivage qui devait le sauver de la honte et de la mort.

Le deuxième jour, on aperçut un roseau fraîchement coupé, une pièce de bois travaillée de main d'homme et une branche d'arbre portant un fruit. Au coucher du soleil, on jette la sonde, et elle prend fond. L'amiral, persuadé qu'il touche au terme de son entreprise, annonce à ses matelots que le lendemain, à la pointe du jour, la terre s'offrira devant eux.

En effet, le troisième jour, on vit distinctement à

deux lieues dans le nord une terre couverte d'une riante verdure, coupée par de nombreux ruisseaux et dominée au loin par une immense forêt d'arbres odoriférants, dont les parfums étaient apportés par la brise du matin. Ce furent alors des cris délirants, des transports de joie frénétique. On s'embrassait, on versait des larmes. Tous les marins à l'envi levaient les mains au ciel et le remerciaient de les avoir conduits sains et saufs, à travers l'Océan, au terme de leurs désirs. En même temps on se jetait aux genoux de Colomb, on proclamait son génie, sa gloire et son courage, en implorant un pardon que le triomphe et la joie lui rendaient facile. C'était le 12 octobre 1492 : un nouveau monde était découvert.

Colomb ordonna qu'on abordât à ce rivage, et, magnifiquement vêtu, tenant en main la bannière de Ferdinand et d'Isabelle, il descendit à terre avec ses principaux compagnons et prit solennellement possession du pays pour la couronne de Castille. C'était l'île de San-Salvador, une des Lucayes. Il découvrit ensuite Cuba et Saint-Domingue, et revint en Espagne en mars 1493. Son retour fut un véritable triomphe, et il fut nommé vice-roi des pays qu'il avait découverts.

Au mois de septembre suivant il entreprit un deuxième voyage, dans lequel il découvrit la plupart des petites Antilles et forma des établissements à Saint-Domingue. Dans un troisième, exécuté en 1498, il découvrit le continent et parcourut la côte de l'Amérique méridionale, depuis l'embouchure de l'Orénoque jusqu'à Caracas. Enfin, dans une quatrième et dernière expédition, il poussa jusqu'au golfe de Darien.

Colomb eut plusieurs fois à réprimer la révolte de ses compagnons et à souffrir cruellement de l'envie. Accusé, après son premier voyage, par ceux qu'il avait châtiés, il les confondit aisément; mais, pendant sa troisième expédition, il devint la victime de la calomnie et fut remplacé par Bovadilla, qui le renvoya en Espagne chargé de fers. Il obtint facilement sa liberté, mais il ne put rétablir son crédit, et il mourut en 1506, accablé d'infirmités et de chagrin. Il n'eut pas même la gloire de donner son nom au continent qu'il avait découvert. Cet honneur lui fut enlevé par le pilote Améric Vespuce, qui avait accompagné un de ses lieutenants en 1499.

Colomb et Vasco de Gama, en franchissant les bornes chimériques qui avaient arrêté le génie des anciens, renversèrent tout d'un coup les systèmes de Ptolémée, de Strabon et autres géographes de l'antiquité. Magellan acheva de persuader même à la multitude que la terre est un globe.

N'oublions point que dans ce grand siècle les Copernic et les Galilée perfectionnèrent cette science qui soumet les corps célestes aux calculs de l'homme. Le télescope, en rapprochant de notre faible vue les étoiles les plus éloignées, fournit des moyens pour déterminer avec plus de précision les lieux sur notre globe. Dès lors les énormes erreurs de Ptolémée, seul guide des voyageurs du moyen-âge, frappèrent tous les yeux. Il fallut absolument que la géographie changeât de face. Les mappemondes des frères Appian et celle bien plus intéressante de Ribeiro, représentèrent les premières l'hémisphère nouvellement découvert, et chaque jour vit disparaître quelque fable ou naître quelque vérité.

Mais, avant de nous avancer plus loin dans les *Terres inconnues*, nous allons jeter un rapide coup d'œil sur la succession des découvertes modernes, afin que le lecteur puisse nous suivre avec passion dans les intéressants détails de notre voyage extraordinaire.

IX.

NAVIGATEURS CÉLÈBRES.

Précis historique des voyages autour du monde et découvertes successives par toutes les nations.

Le xve siècle ouvre brillamment les temps modernes
par la découverte du midi de l'Afrique et par celle de
l'Amérique. Cabral, en doublant le cap de Bonne-Espérance, est poussé par les vents sur la côte orientale de
l'Amérique et aborde au Brésil. Couilham, à la recherche
du mystérieux royaume du prêtre Jean, parcourt l'Abyssinie et d'autres contrées de l'Afrique. En même temps

les Vénitiens Jean et Sébastien Cabot découvraient Terre-Neuve et le Labrador.

Le xvi⁰ siècle vit s'agrandir prodigieusement le domaine de la géographie. Paulmier de Gonneville s'avance jusqu'à la zone antarctique; Ponce de Léon découvre la Floride ; Nunez de Balboa reconnaît l'existence de l'isthme de Panama et voit le premier le grand Océan qu'il appelle mer du Sud. Cortez assujettit le Mexique; Solis aborde au Rio de la Plata; Pizarre fait la conquête du Pérou et Orellana descend le premier le fleuve des Amazones. D'un autre côté, Magellan découvre le détroit entre la Terre de Feu et la pointe méridionale de l'Amérique, et il entre dans le grand Océan, qu'il nomme Pacifique; tandis que Jacques Cartier entre dans le Canada par le fleuve Saint-Laurent.

Pendant ce temps, Albuquerque et autres avaient glorieusement continué les expéditions portugaises et visité les Moluques, la Nouvelle-Guinée et peut-être la Nouvelle-Hollande, puis le Japon. Les Anglais parcourent l'océan Glacial au nord de l'Europe; Frobisher et Davis s'avancent dans les parties boréales, et Drake explore les côtes occidentales de l'Amérique. Tandis que les Hollandais reconnaissaient le Spitzberg, le Cosaque Jermak faisait la conquête de la Sibérie.

Le xviie siècle ne se recommande pas par d'aussi grandes découvertes. Cependant les Hollandais abordent en Australie; Jean Mayen découvre son île; Lemaire arrive au cap Horn; Abel Tasman voit la terre de Diémen (Tasmanie) et la Nouvelle-Zélande. Quelque temps auparavant, Hudson et Baffin découvraient les mers de même nom, et Dampier faisait trois voyages autour du monde. Les Français Thévenot, Tavernier, Tournefort, visitaient la Perse, les Indes et la Turquie d'Asie; tandis que Joliet, Marquette et Lassalle suivaient le cours du Mississipi et découvraient la Louisiane.

Au xviiie siècle, les expéditions se multiplient. On remarque celles d'Anson, de Byron, de Carteret, de Bougainville, de Cook, de la Pérouse et de Vancouvert. Behring découvre son détroit; Kerguelen parcourt les mers australes. Parmi les voyages dans l'intérieur des terres il faut citer : le P. Caubil en Chine, la Condamine dans l'Amérique du Sud, Adanson au Sénégal, Legentil aux Indes, Thunberg au Japon, de Volney en Asie, Bruce à la source du Nil Bleu, Levaillant dans le sud de l'Afrique, Mackensie au nord-ouest de l'Amérique, et la savante exploration qu'Alexandre de Humboldt commença dans l'Amérique équinoxiale.

Le XIXe siècle est encore plus fécond en voyages lointains; mais nous ne pouvons signaler ici que l'expédition de Freycinet. et de Duperrey autour du monde; celles de Dumont d'Urville dans la zone antarctique ; le voyage de James Ross, qui s'avança plus loin jusqu'à la terre Victoria, par 72 degrés de latitude sud. Parmi les explorateurs des côtes du nord de l'Amérique, signalons surtout celles de Mac-Clure (1850-1853), qui a parcouru les glaces de la mer polaire et découvert la communication du détroit de Behring au détroit de Davis. Et, en dernier lieu, n'oublions pas la célèbre découverte du suédois Nordenskiold (1879), qui a fait le tour du pôle nord et brisé l'obstacle qui séparait l'océan Glacial de l'océan Pacifique.

X.

RECHERCHES EN AFRIQUE.

Plateaux de l'intérieur encore inconnus. — Marche de la civilisation chez les nègres. — Le Sahara et les caravanes. — Les Touaricks et les Tibbous. — Bassin du Niger. — Le Sangaran, Jenné, royaume de Massina, Yahndi. — Les Fellatahs. — Youri, Bajébo. — Les Combriens. — Le Darfour. — L'intérieur de l'Afrique australe. — Les féroces Jagas. — Le Gingiro, et leur navigation. — Mœurs singulières. — Les funérailles de Radama. — Les nègres du Congo et autres sauvages. — Réflexions sur les mœurs des nègres de l'intérieur. — Industrie, religion, gouvernement. — Leurs vertus et leur avenir.

Heureux explorateurs, pour qui l'équateur est sans feu et le pôle sans glace, poursuivez à travers mille périls la route glorieuse des Colomb et des Humboldt ; prenez le compas et le télescope ; et même, les armes à la main, allez achever la conquête de notre monde !

Pour nous, acceptant, faute de mieux, un rôle plus

modeste, nous vous suivrons d'un œil plus ou moins perçant à travers ces nouvelles terres que vous cherchez, et nous raconterons à nos lecteurs des merveilles encore ignorées et des secrets jusqu'ici impénétrables.

L'Afrique, que nous allons parcourir dans ce chapitre, ne nous présentera pas une contrée pour ainsi dire vierge, où le voyageur, errant parmi de faibles tribus de sauvages, impose aux lieux qu'il découvre des noms empruntés aux souvenirs de sa patrie. Nos vaisseaux en font le tour depuis trois siècles, et elle est connue dans l'histoire depuis trois mille ans. Mais, malgré cette antique célébrité et le voisinage de l'Europe, elle échappe encore en grande partie aux regards de la science. Et si jadis elle nous envoya ses colonies égyptiennes, qui apportèrent chez nous les premiers germes de la civilisation, aujourd'hui l'Afrique est la dernière partie de l'ancien monde qui attend des Européens le joug salutaire de la législation et de la culture.

Plus des trois quarts de ce continent étant situés entre les deux tropiques, la grande masse d'air chaud qui se développe au-dessus de ces terres ardentes et de ces vastes déserts envahit facilement les lisières septentrio-

nales et australes. Rien ne tempère la chaleur et la
sécheresse du climat africain, si ce n'est les pluies annuelles, les vents de mer et l'élévation du sol. Or, ces
trois circonstances se réunissent quelquefois dans un
plus haut degré sous l'équateur que dans les zones tem-
pérées. Aussi, telle partie de l'intérieur de la Guinée ou
de la Nigritie, de l'Abyssinie, jouit-elle d'une température beaucoup moins brûlante, moins sèche que les
déserts sablonneux au sud du mont Atlas, quoique
ceux-ci soient éloignés de 30 degrés de la ligne équinoxiale. Et il n'est pas impossible que l'on découvre
dans le centre de l'Afrique de hauts plateaux semblables
à celui de Quito, des vallées semblables à celle de
Cachemire, et où règne, comme dans ces deux régions
fortunées, un printemps presque perpétuel.

Tout paraît extraordinaire dans cette vaste contrée,
jusqu'à cette multitude d'idiomes qui semblent renfer-
mer beaucoup de cris à peine articulés, beaucoup de
sons bizarres, de hurlements, de sifflements inventés à
l'imitation des animaux ou par le besoin de se distinguer d'une peuplade ennemie. La civilisation, qui seule
a donné à l'homme des idées abstraites et générales, a

suivi en Afrique une marche singulière, prescrite par le climat et par le caractère de la race indigène la plus nombreuse. Vivant dans l'abondance, mais séparés entre eux par des déserts ; entourés d'aliments spontanés et copieux, et dispensés par le climat de se vêtir et de se loger, les nègres n'éprouvaient jamais l'aiguillon de la nécessité qui excite l'industrie et la réflexion. Dans leur félicité sauvage, ils satisfaisaient les besoins des sens et ne devinaient qu'obscurément un monde intellectuel. Cependant ils sentaient la présence d'un pouvoir invisible ; ils en cherchaient le siége dans l'arbre qui les nourrissait, dans le rocher qui leur prêtait un abri, dans le serpent qu'ils redoutaient. Ces superstitions n'étaient que ridicules ou doucement poétiques ; mais la vengeance et la brutalité en imaginèrent d'atroces et d'horribles. Le prisonnier de guerre fut immolé. La croyance qui plaçait les forces morales dans des objets visibles, dut persuader à ces barbares qu'en dévorant le corps d'un ennemi redouté, ils se pénétraient de son courage. Bientôt l'anthropophagie devint un goût capricieux et une recherche de gourmandise. Des tribus vaincues s'estimèrent heureuses d'être réduites à l'état d'esclavage, au lieu d'être dévorées ; mais leurs maîtres en vendaient les individus comme un vil bétail. En même temps les Maures, voisins de la race nègre, fiers d'un peu de supériorité sur ces êtres abrutis, leur donnaient la chasse comme à des bêtes féroces et les employaient comme des bêtes de somme. Le christianisme, qui avait aboli l'esclavage ailleurs, ne put étendre ses lumières sur l'occident, le centre et le midi de l'Afrique. Ses bienfaits, répandus sur le nord, disparurent pendant des guerres désastreuses. Il était réservé au mahométisme d'opérer un changement dans la marche de la civilisation africaine. Monté sur l'agile dromadaire ou sur de légers navires, le fanatique Arabe courut planter l'étendard de son prophète jusqu'aux bords du Sénégal et jusqu'aux rives de Sofala. L'esprit fanatique d'Islam, qui s'alliait sans peine aux superstitions du fétichisme et aux idées sur la magie et les enchantements, subjugua sans peine l'imagination ardente des Africains, et abolit l'anthropophagie.

Les Portugais et la traite des nègres ont ensuite ouvert de nouvelles communications entre l'Afrique et l'Europe occidentale. On trouva ces contrées, comme elles le sont encore, déchirées par une guerre sans but, circonscrite à un cruel brigandage, étrangère à tout esprit de conquête et ne donnant point naissance à ces grands empires qui admettent et créent toujours une sorte de civilisation. Cependant ces peuples infortunés ont des vertus, ainsi que des dispositions à s'instruire et à imiter nos arts. Rien dans leur nature morale ne les condamne à une éternelle barbarie. Mais l'Europe, entraînée vers les deux Indes, s'est peu occupée d'une contrée plus rapprochée et peut-être plus riche, ou plutôt elle s'est bornée à ce trafic d'hommes que la philosophie et la religion condamnent également et dont l'abolition changera peut-être la face de l'Afrique. Espérons que les colonies européennes seront bientôt nombreuses, stables, étendues, florissantes, et que nos lois et nos mœurs exciteront les Africains à une heureuse émulation ou à une soumission salutaire.

Et maintenant enjambons le fameux Sahara, qui s'étend de la Nubie à l'Atlantique et du pied de l'Atlas aux rives du mystérieux Niger.

Le grand désert du nord-ouest semble être un plateau peu élevé, couvert de sables mouvants, parsemé de quelques collines rocailleuses et de quelques vallons où l'eau rassemblée nourrit des arbrisseaux épineux, des fougères et de l'herbe. De vastes couches de sel gemme, blanc comme un beau marbre, s'étendent en plusieurs endroits sous un banc de roche. Pendant presque toute l'année, l'air sec et échauffé conserve l'aspect d'une vapeur rougeâtre ; on croirait apercevoir vers l'horizon les feux de plusieurs volcans. La pluie, de juillet à octobre, n'étend pas à tous les cantons ses bienfaits incertains et momentanés. Une herbe aromatique, semblable au thym, des acacias et d'autres buissons épineux, des orties, des ronces, la plante qui porte les *graines de Sahara*, une espèce de sainfoin que les chameaux mangent avec avidité, se rencontrent çà et là dans cette vaste solitude. Rarement on voit un bosquet de dattiers et d'autres espèces de dattiers ; et les forêts de gommiers à l'extrême lisière du désert sont venues d'ailleurs. Le bœuf sauvage erre dans ces rares oasis, et l'autruche y vit en troupes nombreuses, glanant au hasard quelques lézards, quelques limaçons et quelques mauvaises herbes. Les lions, les panthères et les serpents énormes ajoutent à l'horreur de ces affreuses solitudes.

Ces terres brillantes de végétation, semées dans ce vaste désert comme les îles dans l'Océan, servent de lieu de repos et de rafraîchissement aux voyageurs et aux animaux. Les habitants vivent sous des tentes. Là, hommes, femmes, enfants, chevaux, chameaux, restent ensemble pêle-mêle et sous le même abri. Ils se nourrissent de millet, de maïs, de dattes et de gomme, et leur sobriété est difficile à concevoir. Ils ont des tisserands qui, avec des appareils portatifs, fabriquent des étoffes de poils d'animaux. Ils forgent des étriers et des brides d'une seule pièce, ainsi que des sabres et des poignards. Ils ont aussi des orfèvres et des bijoutiers ambulants qui fabriquent des bracelets, des anneaux d'or et des ornements arabesques. Ils connaissent les constellations et préfèrent marcher pendant les nuits brillantes de ces climats, plutôt que d'affronter dans le jour l'ardeur d'un soleil dévorant.

Les caravanes marocaines mettent environ cent trente jours à traverser le désert, y compris les différents séjours aux oasis. Ces marchands ne connaissent que l'eau pour toute boisson ; des dattes et de la farine d'orge suffisent à leur nourriture. Fortifiés par cette frugalité et soutenus par l'espoir du retour, ils chantent pour abréger les longues heures du voyage. A quatre heures du soir, on dresse les tentes, on récite les prières en commun, et, après le souper, tous s'asseyent en cercle, causent ou content des histoires jusqu'à ce que le sommeil vienne fermer leurs yeux.

Toutes les oasis qui bordent l'extrémité orientale du Sahara appartiennent aux Touaricks, qui poussent leurs excursions jusqu'au Soudan et sur les bords du Djoliba. Quelques-unes de leurs tribus ne vivent que de brigandage et sont la terreur des peuples sédentaires voisins du désert. Les caravanes qui traversent leur pays leur paient un tribut et voyagent dès lors en toute sécurité. Les Tibbous, leurs voisins, habitent encore dans les cavernes. Ils parcourent de grandes distances avec leurs chameaux agiles et changent souvent de résidence. Quelques-uns servent de courriers entre le sultan du Fezzan et les scheiks de Bournou. Ils sont naturellement voleurs et ils mettent à contribution les caravanes qu'ils rencontrent.

Au sujet du Djoliba ou Niger, sur lequel on a fait tant de recherches, et de l'intérieur si peu connu de la

Nigritie ou Soudan , nous écouterons ce qu'en disent les nègres eux-mêmes. Les habitants de Tombouctou et de l'intérieur de l'Afrique pensent que le Nil et le Niger communiquent ensemble et même qu'ils ne font qu'un fleuve, et ils en donnent pour preuve le voyage de dix-sept nègres qui allèrent en canot de Tombouctou au Caire dans l'espace de quatorze mois. Ils rapportent qu'il y a douze cents villes sur les bords du Nil d'Egypte et du Nil du Soudan, qu'ils échangèrent leurs marchandises plusieurs fois dans leur passage et qu'ils vécurent de riz et d'autres productions.

Ce qui est néanmoins hors de doute, c'est que le Djoliba et le Niger ne font qu'un fleuve. Dans sa partie supérieure, nous trouvons le Sangaran, contrée vaste, riche en bestiaux, fertile en riz et en blé, et habitée par une nation idolâtre. Plus loin, sur le bord du Milo, affluent du Djoliba, est assise, avec ses six mille habitants, une ville entourée d'une belle haie vive qui lui sert de fortification. En descendant le Djoliba, nous trouvons Jenné, bruyante et animée par les caravanes nombreuses qui y arrivent et en partent tous les jours. A trois journées de là est situé le royaume de Massina, habité par les Foulahs mahométans, armés d'arcs, de flèches, ·de javelots, et qui viennent souvent à Jenné pour y vendre de beaux bœufs, de gros moutons et d'autres produits de leur sol, fertile en riz, en mil, en pistaches et en melons. Le royaume de Kong, peuplé de nègres mahométans, qui se teignent en bleu les sourcils et les paupières, renferme beaucoup d'éléphants dans ses forêts et de beaux pâturages qui nourrissent un grand nombre de chevaux. Des marchands de toutes les contrées de l'Afrique arrivent en foule aux marchés de *Yahndi* avec des troupeaux de vaches et de chevaux. Cette ville est le siége d'un oracle qui jouit dans le Soudan d'une grande célébrité.

Parmi les nègres de l'Afrique centrale on doit signaler une grande souche, les *Fellatahs*, qui habitent le voisinage de Bournou et qui sont mahométans ou idolâtres. Leur armée se compose de cavalerie; ce qui fait supposer au savant Ritter qu'ils sont descendus d'un plateau montagneux; car les chevaux sont rares dans les basses terres du Soudan. Leur arme est un arc de fer très-court, et leurs flèches sont empoisonnées. M. Ritter pense qu'ils ont une commune origine avec les Peuls de

Sénégambie, qui portent aussi le nom de Foulahs. Ils forment maintenant le peuple le plus nombreux de la haute Afrique centrale.

Une ville singulière sur le Djoliba, c'est Youri, entourée de murailles qui ont dix lieues de circonférence. On y entre par huit portes, qui sont bien fortifiées pour une ville de l'Afrique centrale. Il est difficile d'évaluer sa population, parce que les groupes des cabanes y sont çà et là séparés par des terrains en friche ou en culture.

Dans le Tappa, habite un peuple industrieux, et chaque village a trois ou quatre forges. Le Niger, qui arrose ce pays, baigne aussi Bajébo, cité florissante et populeuse, où des échanges continuels se font entre les habitants des deux rives. Au-dessous de la ville s'élève, au milieu du fleuve, un rocher haut de quatre-vingt-dix mètres, dont la base est garnie d'arbres antiques, et dont les flancs escarpés se couvrent çà et là de quelques buissons rabougris. Les habitants croient qu'un génie bienfaisant y a fixé sa demeure.

Parmi les peuples répandus dans le bassin du Niger, il faut signaler les Combriens, encore peu connus, race pauvre, méprisée, injuriée, mais industrieuse et infatigable au travail. Ce peuple est trop souvent opprimé par ses voisins, plus puissants et plus heureux, qui affirment qu'il est invariablement voué à l'esclavage et qui le traitent en conséquence. Les Combriens sont connus pour s'attacher jusqu'à la mort à leurs usages nationaux. Enlevés à leurs amusements favoris, arrachés du sein de leur famille, ils se résignent à tout sans se plaindre, même à l'esclavage. Leurs cabanes sont posées sur des piliers en bois. Une seule ouverture qui sert de porte est fermée par une natte. Elles sont un peu élevées au-dessus du sol, pour que l'on n'y soit pas incommodé par les fourmis, les serpents, l'humidité de la terre, ni attaqué par les crocodiles, qui dans l'obscurité vont à la recherche de leur proie.

Dans le Darfour, on récolte le millet au bout de deux mois et le blé au bout de trois. Le riz vient naturellement en grande quantité, et les forêts fourmillent de gibier, comme les sangliers, les gazelles, les buffles et les cerfs. Le lion, la panthère et le léopard se cachent dans les rochers, tandis que le chacal et l'hyène se répandent dans les villages. Les chevaux y sont rares, mais on y nourrit beaucoup de chameaux.

Les traits des nègres de Darfour sont différents de ceux de Guinée, mais ils sont peu courageux, malpropres, voleurs, et peuvent supporter longtemps la faim et la soif.

Pénétrons maintenant dans l'intérieur de l'Afrique australe, où des hordes nomades errent sans frein, sans loi et sans but fixe. D'après le récit d'un marchand d'esclave du Mozambique, nous savons que les Maravis demeurent à neuf milles au moins de la côte orientale et qu'ils faisaient la traite des esclaves sur la côte occidentale. On met sept mois pour aller de Mozambique dans leur pays, où il se trouve un grand lac d'eau douce. Il part tous les ans de Quiloa (Zanzibar) une caravane d'Africains qui se rend, par l'intérieur des terres, à la côte occidentale d'Afrique, et revient par le même chemin. Elle se nourrit de végétaux et des fruits qui s'offrent sur la route, et surtout de ceux du tamarin.

A quelques journées de Quiloa se présente un grand lac, désigné comme une mer d'eau douce. On le traverse sur des pièces de bois, et on fait station à une île qui se trouve au milieu. Les Africains assurent que le terme de leur voyage est un lac d'eau salée (l'Océan). Ils y trouvent des vaisseaux semblables aux nôtres et des Européens auxquels ils vendent leurs esclaves. D'après ces récits, on peut conclure que cette partie de l'Afrique n'a jamais présenté de grandes nations, même à demi civilisées.

Droit à l'est du Congo sont les régions où errent les tribus barbares et nomades de *Jagas*, qui ne cultivent point la terre et ne possèdent d'autres bestiaux que ceux dont ils s'emparent en guerre. Ce peuple envahit les contrées fertiles, y consomme les fruits de la terre, dévore ses prisonniers, et, après avoir tout dévasté, il va chercher une nouvelle proie. On assure que, dans une certaine fête, leur chef fait lâcher au milieu de ses sujets un lion furieux et affamé. Les Jagas, loin de l'éviter, tiennent à honneur de périr sous ses dents meurtrières. Cette nation affreuse a eu son Alexandre et sa Sémiramis. Sous les ordres de Zimbo, elle a parcouru l'intérieur de l'Afrique méridionale et est venue dévaster Quiloa et Mozambique. Arrivée devant Mélinde, l'armée de Zimbo essuya une défaite totale, qui fut suivie de la dissolution de son empire. Mais Temba, petite-fille d'un de ses généraux, essaya par ses lois de relever la puissance de la nation. Pour donner l'exemple de la soumission à ses préceptes inhumains, elle saisit son jeune fils, le jeta dans un mortier, l'écrasa, le pila, et fit ensuite extraire de ces restes horribles un onguent, avec lequel les chefs se croyaient plus tard invincibles.

Dans cette contrée intérieure, il faut signaler le Gingiro, arrosé par le Zebi, qui entraîne un plus grand volume d'eau que le Nil et se fraie avec fracas un passage à travers les montagnes. Pour traverser cette rivière, les nègres tuent une vache. Ils enveloppent leurs bagages dans sa peau et la remplissent d'air en y soufflant avec force. Ensuite ils y attachent deux personnes en forme de brancards, s'y accrochent deux à deux de chaque côté pour tenir en équilibre la machine, qu'un bon nageur, placé en tête, traîne au moyen d'une corde, tandis que deux autres la poussent par derrière.

Toute la nation est esclave, et la couronne est héréditaire dans la même famille. Le roi est considéré comme un être divin, rival du soleil et de sa puissance dévorante. Il ne sort que le matin au clair de l'aurore. Si le soleil est levé avant lui, il se tient toute la journée dans l'intérieur de sa maison ; car le peuple pense que deux soleils ne peuvent luire à la fois ; et quand l'autre a pris les devants, la dignité du roi serait compromise s'il s'abaissait jusqu'à suivre en second. Après sa mort, le corps du roi, revêtu des étoffes les plus riches et enveloppé d'une peau de vache, est traîné pra-dessus les champs au lieu de sépulture des souverains, et déposé dans une fosse qu'on laisse ouverte : la terre n'est pas jugée digne de couvrir les restes du rival du soleil, qui ne peut avoir que le pavillon du ciel pour mausolée. La maison du mort est brûlée avec tout ce qu'elle renferme.

On en fait de même après le décès d'un homme ordinaire ; on brûle même les arbres et les végétaux qui se trouvent dans le voisinage, afin que le défunt, habitué à cet endroit, ne soit pas tenté de revenir y faire sa promenade.

La relation des funérailles de Radama, roi de Madagascar, pourrait donner une idée du genre de civilisation auquel on est arrivé à la cour de Tananarive, qui n'a pas moins de quatre-vingt mille habitants. C'est un mélange de cérémonies en usage chez un peuple encore à demi sauvage et de cérémonies empruntées aux Européens. Le palais fut tapissé de toile blanche et bleue ; le chemin parcouru par le cortége fut couvert d'une toile noire ; les soldats qui formaient la haie avaient leurs armes renversées ; soixante officiers portaient le cercueil, et les grands dignitaires tenaient les coins du drap, d'un velours cramoisi orné de franges d'or. Les habitants de tout sexe et de tout âge se rasèrent la tête en signe de deuil. Dans la fosse destinée à recevoir le cercueil, qui était en argent, on déposa tout ce que Radama avait de plus précieux. La liste en est assez curieuse : c'étaient un grand nombre de couverts en argent ; toute la vaisselle d'or dont les Anglais avaient fait présent au roi ; des gobelets et de grands bols en cristal ; de beaux vases de Sèvres ; un grand nombre de fusils, d'épées, de poignards, et d'autres armes de luxe ; des montres à répétition, des pendules à sonnerie et à musique, des tabatières en or, des chaines, des bagues et autres bijoux enrichis de diamants ; des malles remplies d'habits brodés, de chapeaux galonnés, de linges, de bottes et d'éperons ; plusieurs portraits à l'huile des différents souverains et de plusieurs généraux européens. Enfin on y déposa le trésor public du roi, composé de lingots et de différentes monnaies d'or et d'argent, présentant une valeur de près de 1,800,000 fr. Six magnifiques chevaux furent sacrifiés sur le tombeau du monarque et vingt mille bœufs dans la capitale et les provinces voisines.

Les nègres du Congo paraissent inférieurs en intelligence à beaucoup d'autres races africaines. On leur accorde cependant une assez bonne mémoire ; mais ils n'ont que des penchants grossiers, des passions brusques et tumultueuses ; leurs habitudes et leur manière de vivre en général sont si près de l'animalité, qu'il n'y a pas de quoi s'étonner s'ils ont regardé eux-mêmes les singes comme appartenant à leur race. Leur ineptie est telle, qu'on n'a jamais pu leur faire comprendre l'usage du moulin. Nés dans l'abrutissement, mais pétris d'orgueil et de vanité, ces êtres dégradés sont de tous les maîtres les plus durs, les plus barbares et les plus capricieux ; leurs esclaves ne les approchent qu'à genoux, et les grands, qui seuls portent des pantoufles, traitent avec une morgue extrême le peuple, qui courbe dans la poussière un front servile.

Sur les confins du Congo, les anciens voyageurs

placent une nation de nains, qui sont de la taille des enfants de douze ans, mais très-épais. Ils vivent au sein de leurs forêts inhospitalières, où ils donnent la chasse aux éléphants, dont ils livrent les dents en tribut à un prince demeurant à huit journées à l'est de Mayomba.

Plus à l'est dans l'intérieur des terres, se trouve le pays d'Anzicana, riche en métaux et en bois de sandal, mais fameux surtout par la barbarie de ses habitants. Ils sont excellents archers et manient supérieurement la hache d'armes. Ils apportent quelquefois à la côte de belles étoffes de feuilles de palmier et d'autres matières qu'ils fabriquent, ainsi que de l'ivoire. C'est dans ces régions inconnues qu'un marquis d'Estourville, devenu médecin principal de l'île Saint-Thomas, a dû errer pendant douze ans comme prisonnier des féroces Giagas. Il a traversé deux grands fleuves et une chaîne de montagnes très-escarpées, derrière laquelle s'étendait l'empire civilisé de Droglodo.

Les nombreuses nations nègres de l'intérieur de l'Afrique présentent dans l'ensemble de leurs mœurs de vastes sujets de méditations. La nature du sol perpétue chez le nègre l'indolente légèreté et l'insouciance native. Vingt jours de travail par an lui suffisent, dans la plupart des contrées, pour assurer la récolte de riz, de millet et d'ignames, nécessaire à son frugal repas. Le goût peu délicat du nègre ne le laisse jamais sans ressources. La chair d'éléphant, même lorsqu'elle est déjà remplie de vermine, ne repousse pas son robuste appétit. Il aime les œufs de crocodile, même sa chair musquée, et les singes servent aussi à sa nourriture. Il ne dédaigne ni les chiens morts ni les poissons gâtés; et un rôti de chien figure même aux grands festins comme un mets de distinction. Mais le nègre refuse la salade, pour ne pas ressembler aux animaux herbivores. La préparation des bouillies épaisses, succulentes et fortement assaisonnées, qui composent sa cuisine, n'exige que peu de soin. Un art facile lui donne le vin de palmier et la bière de millet, qui forment sa boisson favorite. Le coton vient sans culture, et sa cabane ne lui coûte guère à construire : quelques troncs d'arbres à peine dégrossis, quelques branches dépouillées de leur écorce, un peu de paille ou quelques feuilles de palmier, voilà ses matériaux ; les réunir en forme de cône, voilà son art. Le climat et la violence des pluies annuelles lui prescrivent cette simple architecture. Les palais des princes ne se distinguent que par le grand nombre de cases qui les composent. Tandis que les riches étalent quelques armes à feu, l'ameublement du pauvre se réduit à deux ou trois calebasses, et le prince orne sa demeure de crânes humains mêlés à la vaisselle et aux tapis de fabrique européenne. Ces monarques, dont la pompe distinctive consiste à marcher en pantoufles à l'ombre d'un parasol, ont quelquefois pour trône un morceau d'or massif.

Le nègre en général n'est pas un chasseur hardi, et il ne fait pas sentir son empire aux nombreux animaux sauvages qui partagent avec lui sa fertile contrée. Il est bien plus actif, plus adroit et plus heureux dans la pêche ; à la nage ou à la rame, il brave les flots irrités, et ramène ses filets chargés d'un immense butin ; mais il retombe aussitôt dans sa paresse, et l'abondance même de cette ressource est un obstacle au développement de son talent naturel pour l'industrie. Ce talent se montre dans la fabrication des étoffes, des couvertures, des voiles pour les bateaux, des poteries, des pipes à fumer, des ustensiles en bois, fabrication générale parmi les plus avancés. On assure même qu'à Tombouctou, à

Bournou et dans le Bambara, l'art du tisserand est porté à un certain degré de perfection. On y trouve aussi des forgerons et des orfèvres qui, avec un petit nombre d'instruments grossiers, fabriquent des épées, des haches, des couteaux, des tresses d'or et nombre d'autres objets. Mais toute cette industrie reste circonscrite par le peu d'étendue des besoins, et le meilleur artisan nègre ne s'avise jamais de travailler plus qu'il ne faut pour gagner sa subsistance journalière.

Tout ce qui frappe l'imagination déréglée du nègre devient son *fétiche*, son idole. Il adore, il consulte un arbre, un rocher, un œuf, un brin d'herbe. Quelques peuples ont un fétiche national et suprême. Dans l'Ouydah (côte des Esclaves), un serpent est regardé comme le dieu de la guerre, du commerce et de l'agriculture. Nourri dans une espèce de temple, chaque nouveau roi vient lui apporter de riches offrandes. Dans le Bénin, un lézard est l'objet d'un culte public; au Dahomey, c'est un léopard. Ailleurs, les offrandes se dédient à une divinité plus bienfaisante, au soleil. Quelques nègres donnent à leur fétiche une figure humaine. En général, ils paraissent admettre un bon et un mauvais génie.

Dans leurs funérailles, accompagnées de beaucoup de cris et de chants, ceux qui portent le corps demandent au défunt s'il a été empoisonné ou ensorcelé, et prétendent recevoir la réponse au moyen d'un mouvement du cercueil provoqué sans doute par quelque intéressé ; et malheur au prétendu sorcier que le mort accuse ! Les enterrements des princes occasionnent des scènes encore plus déplorables. Le sang d'un grand nombre de victimes humaines est versé sur la tombe royale. Les lois, conservées de mémoire, punissent avec sévérité tous les désordres ; mais leur exécution est précaire dans un Etat anarchique, et les chefs en abusent cruellement. Des avocats, très-bavards et très-intrigants, déploient un art étonnant devant les *palavers*, ou assemblées judiciaires. Mais souvent chacun se rend justice en faisant enlever ce que les juges n'ont pas voulu lui accorder.

Il serait heureux pour l'Afrique de voir les grands empires de Bournou, de Fellatah, de Bambara et de Tombouctou, se consolider et devenir les foyers au moins d'une demi-civilisation. L'Europe aidant, le christianisme et la civilisation moderne pourraient peu à peu transformer ces peuples et ces contrées au grand avantage du genre humain. Pour obtenir ce but, il faudrait que la diplomatie européenne mît des bornes au brigandage des Maures, peuple remuant et incapable de fonder et de conserver un empire.

La race nègre, même en la supposant réellement inférieure en intelligence aux Européens, aux Arabes et aux Hindous, possède néanmoins les facultés nécessaires pour apprécier et pour s'approprier nos lois et nos institutions. Malgré l'horrible peinture que nous avons faite de certaines mœurs, le nègre n'est étranger à aucun des sentiments qui honorent et qui élèvent la nature humaine. Si l'on a vu quelquefois des parents vendre leurs enfants, on a aussi vu des enfants se vendre pour affranchir leur père. L'amitié a ses héros dans la Guinée comme dans la patrie de Pylade. Vers 1810, on a vu un nègre français, devenu riche négociant, donner une pension alimentaire à son ancien maître tombé dans la misère ; et on a cité de nombreux exemples de l'héroïque fidélité des nègres envers un maître juste. Ne désespérons donc point de voir un jour le germe de la vraie civilisation se développer chez les nations africaines.

XI.

RECHERCHES EN ASIE.

Influence du climat de l'Asie sur la civilisation de ses habitants. — Causes de l'étonnante rapidité des révolutions asiatiques. — Tartares et Mongols. — Les tribus du Caucase. — Mœurs des Kourdes, des Druzes et des Maronites. — Les Brahouis du Béloutchistan. — Les Kirghiz dans le Turkestan. — Les Turcomans de la mer Caspienne et les Khiviens de l'Aral. — Les Kaffirs de l'Indus. — Les Moys et les Tchongs de la Cochinchine. — Les Veddahs de Ceylan. — Les nomades de la Sibérie. — Les Toungouses et leurs croyances religieuses. — Le Kamtchatka et la poste aux chiens. — Iles Kouriles et l'océan Scythique.

A tous les points de vue, l'Asie s'élève d'un degré au-dessus de l'Afrique; et pour découvrir les points les plus avantageux et les terres nouvelles que nous dédions aux entreprises de la civilisation européenne, il nous faut donner d'abord une idée précise des influences de son climat sur la civilisation de ses habitants. La région centrale est une réunion de plateaux et de plaines entre les monts Bolor, l'Altaï et l'Himalaya ; c'est la Boukarie, le Thibet, la Mongolie. Le grand désert de Kobi, où l'on ne voit que des lacs salés, de petites rivières qui se perdent dans le sable, quelques pâturages mêlés de buissons chétifs, fait aussi partie de cette région, dont l'été fort court développe une chaleur insupportable, augmentée encore par la réverbération des sables brûlants. Au sud et au nord, deux grandes régions s'appuient sur la précédente. Semblable à un magnifique parterre de fleurs sur lequel l'art du jardinier a concentré les rayons du soleil, la région méridionale, garantie des vents du nord par les montagnes du Thibet, s'incline fortement vers les tropiques et l'équateur. Arrosé par de nombreux et larges fleuves, son riche sol reçoit toujours les feux du soleil, et s'imprègne des exhalaisons d'une mer que l'hiver n'enchaîne jamais. Quel contraste entre ces contrées fertiles et les tristes solitudes de la région septentrionale, de cette vaste Sibérie qui, tout entière penchée vers le pôle et vers la mer Glaciale, n'aspire jamais la douce haleine des vents du tropique, et dont l'atmosphère ne reçoit des mers voisines que des particules chargées du froid polaire !

La nature a donné à chacune de ces régions un
caractère physique que l'industrie humaine ne réussira
jamais à changer. Tant que durera l'équilibre actuel du
globe, les glaces s'amoncelleront dans les embouchures
de l'Obi et de la Léna; les vents siffleront dans les déserts de Chamo, et le Thibet ne verra point les neiges
de ses Alpes disparaître devant les rayons d'un soleil
voisin qui brûle les régions du tropique. Ainsi, le Tatar
est appelé à la vie agricole et pastorale, comme le Sibé-
rien à la chasse. L'Inde, en apparence plus heureuse,
doit à son climat privilégié cette indolence native dont
l'Européen a abusé sans grand profit pour la civilisation.

Cette redoutable immobilité de la nature physique,
cette température toujours égale, ces retours réguliers
des saisons et cette perpétuité des mêmes cultures, ont
dû influer sur le caractère moral des peuples asiatiques.
L'âme n'y éprouve point ces vives secousses ni le corps
ces changements subits qui donnent au caractère une vigueur agreste et une fougue indocile. Les nations éternelles ne naissent guère sous des climats variables. Ici, la
vie nomade et patriarcale est prescrite par la nature elle-

même, et le pouvoir illimité du père de famille devient le type du pouvoir souverain. Là, l'uniforme fertilité du sol et la douceur constante du climat ont étouffé presque dès sa naissance l'énergie de l'esprit humain, qui, pour ne pas se ralentir, a besoin d'être stimulée par la nécessité et les obstacles. L'une et l'autre manière de vivre entraînent l'âme et le corps vers une paresse qui, devenue héréditaire, semble annoncer chez les races asiatiques une infériorité générale d'activité et de courage. Cette lenteur d'esprit, en perpétuant quelques maximes vertueuses, pacifiques et hospitalières, éternise aussi l'empire des religions superstitieuses, sous le joug desquelles on voit languir presque toute l'Asie. C'est ce qui explique aussi pourquoi les grands empires sont plus communs en Asie qu'en Europe.

Les grandes conquêtes en Asie sont facilitées par la grande extension de la même nation. L'immense multitude des tribus, liées par l'usage d'une langue commune, se soumet machinalement au même joug. Trop nombreuses et trop disséminées pour connaître les ressorts du véritable patriotisme, les nations de l'Asie ne fournissent à leurs chefs que des troupes sans zèle et sans énergie, et elles changent de maître sans regret comme sans secousse prolongée. Tout concourt donc à rendre facile la conquête totale de ces vastes empires de l'Orient.

Pour expliquer l'étonnante rapidité des révolutions asiatiques, il faut noter qu'il n'y a pas de zone tempérée, point de milieu entre la zone chaude des peuples esclaves et la zone froide des peuples conquérants. Dans cette dernière se trouvaient les Tartares, les Afghans et les Mongols, qui avaient une tout autre nature physique et morale : point de science, de beaux-arts et de luxe, mais des vertus sauvages, une morale brute, de l'hospitalité, une fidélité à toute épreuve, avec l'amour du pillage, de la vie nomade et de l'anarchie. Tels étaient les Scythes, tels sont les Tartares. Plus de vingt fois ils ont conquis l'Europe orientale, et les empires de Tamerlan embrassaient la moitié de l'ancien continent. Mais cette vaste pépinière des nations semble aujourd'hui épuisée, parce qu'elle a joué probablement tout son rôle providentiel dans l'enfantement des nationalités. Ces peuples guerriers, braves et actifs, touchaient immédiatement des peuples efféminés, paresseux et timides. Il fallait donc que l'un fût conquis et l'autre conquérant ; et voilà, selon Montesquieu, la raison principale de la liberté de l'Europe et de l'esclavage de l'Asie.

Les Tartares, les Mongols, et en partie les Persans, doivent au grand nombre de chevaux qu'ils possèdent leur goût pour les courses, le brigandage et la guerre. Dans tout l'Occident, le chameau sert à multiplier les communications commerciales et les relations mutuelles des peuples. L'éléphant, utile à l'agriculture et jadis si redoutable à la guerre, a influé sur l'antique civilisation de l'Inde. La Chine, privée en grande partie du secours de ces divers animaux, y a suppléé par ces milliers de barques dont ses rivières sont peuplées. Le défaut de bois de construction oblige l'habitant du plateau central et du nord de l'Asie à se loger dans des tentes couvertes de peaux ou d'étoffes, les unes et les autres provenant de ses troupeaux. Une nécessité semblable a produit le même résultat en Arabie. Au contraire, dans l'Inde et d'autres contrées riches en bois, mais surtout en bois de palmiers, l'usage des maisonnettes légères a été trouvé aussi conforme à la paresse des indigènes qu'à la douceur du climat. L'un et l'autre genre d'habitations n'offrant rien de stable, rien de solide, les villes d'Asie disparaissent comme les empires. Ce caractère général des habitations asiatiques exclut nécessairement le goût des meubles précieux, des tableaux et des statues, et les beaux-arts n'y feront jamais de grands progrès.

D'un autre côté, l'influence irrésistible des religions superstitieuses et des mœurs serviles bannissent de l'âme des Asiatiques ces vives et libres émotions qui, en Europe, exaltent un cœur ami des sciences et des lettres. Ainsi, les diverses régions de l'Asie offrent partout d'antiques ébauches d'une civilisation qui s'est arrêtée à un degré bien inférieur à celui qu'ont atteint les peuples de l'Europe. Ne nous en glorifions pas, car nous sommes encore loin de la perfection ; mais essayons par tous les moyens de secouer l'indolente apathie des peuples asiatiques.

Ces vues générales nous permettront de suivre avec intérêt notre excursion à travers les peuples nomades et les régions peu connues de l'Asie.

Parmi les tribus du Caucase, les Gouriens et les Mingréliens habitent l'ancienne Colchide, où de nombreuses ruines de châteaux et de villages prouvent que ce pays fut autrefois plus peuplé. La Gourie est le seul pays du Caucase où mûrissent les citrons, les olives et les oranges; mais les habitants ne savent pas profiter d'un sol propre à l'agriculture et à l'entretien du bétail. Ruinés par les pachas voisins, ils ont dû abandonner la pêche et la navigation, et depuis qu'ils sont soumis à la Russie, il leur en coûte de se faire agriculteurs.

Les Turcs vont chercher en Mingrélie de la soie, de la toile, des fourrures, du miel rouge et blanc, et particulièrement des peaux de castor. Ils y portent en échange des sabres, des arcs et des flèches, des draps et des couvertures, même du cuivre et du fer; car les anciens possesseurs de la toison d'or n'exploitent maintenant aucun métal. Ils se contentent d'entretenir les abeilles avec beaucoup de soin et de cueillir les châtaignes, les figues et autres fruits qui y viennent sans qu'on ait besoin de les greffer. Les superstitions y sont tenaces, et les missionnaires du xviie siècle ne purent jamais parvenir à faire supprimer une fête qu'on y célébrait en l'honneur d'un bœuf, souvenir du culte d'Apis.

Les Kourdes, qui observent dans les montagnes de l'Arménie une espèce de gouvernement féodal, se sont peu à peu subdivisés en petites tribus anarchiques dans les plaines d'Erzeroum, d'Alep et de Damas, où ils mènent la vie errante des Turcomans et des Arabes. Ces peuples ne manquent pas d'une certaine loyauté ; un vol est-il commis, le voleur soupçonné peut nier deux fois, mais à la troisième il se croit obligé d'avouer, sans toutefois se croire obligé de restituer. « Je t'ai volé par la force, dit-il ; reprends ton bien de même, ou tu ne l'auras pas. » Souvent ils sont en guerre entre eux. On voit des villages dont un quartier se bat avec l'autre ; et s'il passe un étranger, un vieillard ou une femme, le combat est suspendu pour recommencer bientôt après. Chaque blessure est évaluée : une dent brisée vaut un chameau. Quand un homme a été tué, son plus proche parent ne doit pas dormir jusqu'à ce qu'il se soit défait du meurtrier ; s'il est homme d'honneur comme on l'entend dans ce pays, il doit guetter son adversaire et prendre sang pour sang. Quand la vengeance doit être éclatante, le Kourde offensé renverse sa tente ; sa famille demeure en plein air, tandis que, la carabine à la main, il erre dans les bois et sur les montagnes, demandant partout l'hospitalité, qui va chez eux jusqu'au droit d'asile, comme autrefois chez les Juifs et les chrétiens. C'est surtout quand on a bu dans la coupe de la famille qu'on peut se croire en toute sécurité.

Non loin de Saint-Jean-d'Acre, l'antique Ptolémaïs, et à l'ombre des cèdres du Liban, vivent deux peuplades indépendantes : les Maronites et les Druzes. Les premiers exportent leurs blés, leurs vins et leur coton par Tripoli et Djebail ; tous cultivent la terre de leurs propres mains, vivent frugalement au sein de leur chaste famille, et sous un toit rustique où le voyageur chrétien trouve toujours une réception hospitalière. Le son des cloches et la pompe des processions attestent la liberté dont jouit ici le culte des chrétiens. Deux cents monastères observent rigoureusement la règle de Saint-Antoine, et un grand nombre d'ermites résident dans des cavernes. Il règne ici une ferveur de dévotion qui rappelle les siècles de l'Eglise primitive. Leur patriarche réside dans un couvent dont les cellules sont taillées dans le roc, ainsi que l'église et les deux souterrains qui servent de sépulture aux moines et aux patriarches.

Les Druzes, un peu plus au midi, peuvent mettre sous les armes quinze mille hommes, y compris quatre mille chrétiens qui habitent plusieurs villages, où ils ont leurs églises. Ils trouvent de riches mines de fer au sein de leurs rochers, que couronnent de belles forêts de sapins. Le voisinage de la mer leur produit des mûriers et des vignes, et le canton central leur donne les meilleures soies. Ils croient à un seul Dieu, qui s'est montré pour la dernière fois sous une figure humaine. Persuadés que toutes les autres croyances viendront se fondre dans celles qu'ils professent, ils les regardent toutes avec une égale indifférence ; cependant les chrétiens ont cru voir qu'ils méprisaient particulièrement le mahométisme. D'autres doctrines, qui respirent la plus haute antiquité, se mêlent à ce système de déisme : telles sont la croyance en la métempsychose et l'adoration d'un veau. Plusieurs familles jouissent d'honneurs particuliers, mais une noble simplicité les rapproche dans la vie sociale. Leur fidélité égale leur courage, et jamais ils ne trahissent l'infortuné qui vient implorer leur protection ; mais ils vengent le sang par le sang. Et comme les assassins du Vieux de la Montagne, on les a vus frapper les ennemis de leur maître au milieu des cités les plus populeuses.

Dans le Béloutchistan, nous trouvons les Brahouis, qui semblent être une peuplade de Tartares montagnards qui, à une époque reculée, se sont établis dans l'Asie méridionale, où ils menaient une vie errante. Ils croient que rien n'est antérieur à l'islamisme, excepté que l'univers existait ; et pour prouver qu'ils furent l'objet d'une prédilection de la part du prophète, ils racontent que, pendant une nuit, il vint, monté sur une colombe, leur rendre visite.

Ils diffèrent peu des Béloutchis par leurs mœurs et leurs costumes ; c'est la même hospitalité envers les étrangers, les mêmes vertus et presque les mêmes vices, bien qu'ils soient moins avares et moins vindicatifs. Ils sont plus industrieux et surtout opposés à ces habitudes de violence dans lesquelles se plaisent les Béloutchis, qui habitent sous des tentes faites de feutre noir ou de couvertures grossières étendues sur quelques branches entrelacées.

Dans le Turkestan, les Kirghiz, belliqueux, féroces, et passionnés pour la vie aventureuse, prétendent qu'ils perdront leur liberté dès qu'ils habiteront des maisons et qu'ils se livreront à l'agriculture. Quelques minutes suffisent au Kirghiz pour enlever et replacer sa tente, qu'il transporte sans cesse à dos de chameau, dans les lieux où il trouve de l'eau et les meilleurs pâturages pour son troupeau. Cette vie nomade est assez agréable en été ; mais la violence des vents en hiver fait entrer dans la tente d'énormes flocons de neige. Ces hommes, qui tiennent des Mongols et des Turcomans, jouissent en général d'une vue très-perçante. Ils peuvent sans difficulté passer deux jours sans prendre de nourriture ; mais à la première occasion ils font un repas pantagruélique. Ils manient les chevaux les plus farouches avec une hardiesse remarquable. Enclins à la mélancolie, le murmure des eaux rapides du Sir charme leurs nombreux loisirs. Ils passent souvent la moitié de la nuit à regarder la lune et à réciter des chants historiques qui rappellent les hauts faits de leurs héros. Les caravanes de Boukarie et de Khiva paient un droit de transit pour passer dans leurs terres et sous leur escorte. Libres de tout joug et pourvus en abondance de tout ce qui est le plus nécessaire, ils mènent une vie fort agréable. La lance et le fusil sur le bras, les Kirghiz pillent toutes les contrées voisines. Ils ne sont point sanguinaires, mais ils mettent dans leur brigandage uue adresse qui déconcerte les garnisons russes.

Ces infatigables brigands se regardent entre eux comme frères ; et dans les funérailles des riches, l'héritier, semblable à Achille, distribue des esclaves, des chameaux, des chevaux, des harnais couverts de riches ornements, et d'autres magnifiques prix aux vainqueurs dans la course à cheval. Ils passent les rivières sur des ponts formés de nattes de jonc roulées et réunies par deux cordes tendues. Leur *poudre blanche*, dont ils cachent la fabrication, paraît un objet digne de recherches. Indompté, belliqueux, féroce, le Kirghiz, seul à cheval, s'élance dans le désert, et, rapide comme le vent, il parcourt de grandes distances pour aller voir un parent ou un ami d'une tribu étrangère. Chemin faisant, il s'arrête à chaque *aoul* (village), où il est toujours sûr d'être bien accueilli, quand même on ne le connaîtrait pas. Il partage avec ses hôtes le *kraout* (fromage), l'*haïran* (lait caillé) et le *koumys*, boisson extraite du lait de jument et très-estimée dans le désert. Après quelques jours d'absence, il rentre dans sa tente, riche d'histoires nouvelles, et reprend tranquillement la garde de ses troupeaux.

Les Turcomans qui habitent la côte orientale de la mer Caspienne n'ont pas cette sévérité et cette droiture qui distinguent les peuples du Caucase. Au milieu de sa pauvreté, ce peuple reste étranger aux lois de l'hospitalité, et il n'est point de bassesse à laquelle il ne se soumette pour un léger salaire. Divisés en plusieurs hordes, ce sont des pasteurs grossiers, qui font en passant le métier de brigands et vivent sous des tentes ou dans des cavernes de rochers.

Autres sont les Khiviens, au sud du lac Aral, qui vivent dans une demi-civilisation et naissent avec de grandes dispositions pour la musique. Ils s'adonnent beaucoup à la poésie, et les enfants y semblent pleurer et crier en cadence. Les personnes aisées ont ordinairement à leur suite des espèces de troubadours qui, par leurs chants improvisés sur les héros de l'antiquité, ou par d'autres récits accompagnés du son d'une mauvaise guitare à deux cordes, charment les loisirs de leurs maîtres. Ces peuples cultivent leur terre avec soin et excellent surtout dans la fabrication des différentes espèces de ceintures en soie. Leurs caravanes portent à Orembourg du blé, du coton écru, des étoffes de soie, des robes de chambre brodées en fil d'or et des peaux d'agneaux. Ils achètent en Boukarie le thé de la Chine, dont ils font une consommation extraordinaire ; et chez les Turcomans, ils se procurent des chevaux, des bœufs et des moutons.

Un pays peu connu encore, c'est celui des Kaffirs, dans la partie supérieure du grand bassin de l'Indus. Les cimes de ces montagnes sont couvertes de neiges, et leurs flancs sont garnis de sombres forêts. Les vallées, peu étendues, mais fertiles, produisent d'excellents raisins et offrent de gras pâturages à de nombreux troupeaux de moutons et de bœufs, tandis que les collines sont couvertes de chèvres. Tous les villages sont bâtis sur le penchant de la montagne, et le toit d'une maison sert de rue pour conduire à la suivante. C'est un peuple indigène, qui se réfugia sur ces hauteurs quand le pays inférieur embrassa la religion de Mahomet.

Les différents dialectes kaffirs ont beaucoup de rapports avec le sanscrit, et leur gouvernement est patriarcal et divisé en tribus. La loi du talion paraît servir de base à leur manière de punir les délits et les crimes. Ils vivent à la manière européenne, et leur religion ne ressemble point à celle des autres peuples de l'Asie. Ils croient en un seul Dieu, mais ils adorent une foule d'idoles. Les compliments de condoléance s'y font d'une manière fort singulière : si un homme a perdu un de ses parents, l'ami qui vient pour le consoler jette son bonnet à terre en entrant dans la maison, tire son poignard en saisissant l'affligé par la main, et le force à danser avec lui autour de la chambre.

C'est dans la Cochinchine qu'habitent les tribus sauvages de Moys, qui adorent le soleil et cherchent par des opérations magiques à défendre leurs belles rizières contre les éléphants et les singes qui y abondent. Les forêts sont la principale richesse de ces montagnes. Elles fournissent le bois de rose, d'ébène, de santal, surtout le bois de calambac, qui se vend à la Chine au poids de l'or. En septembre, octobre et novembre, les pluies abondantes qui tombent seulement sur la montagne, enflent les innombrables rivières du pays, et en un instant toute la plaine est inondée; on navigue en bateaux par-dessus les campagnes et les haies; les maisons forment autant d'îles : c'est la saison du commerce intérieur, des grandes foires et des fêtes populaires.

Cette plaine produit une immense quantité de riz, dont on fait une double récolte, du maïs, du millet, et tous les fruits de l'Inde et de la Chine.

Les Tchongs habitent, au nord de Chanthabury, les hautes montagnes inaccessibles aux Siamois. Ils sont généralement indépendants, et leurs lois très-sévères, mais les délits peu fréquents. Ils se nourrissent de riz, de légumes, de poisson frais ou salé, et de la chair de cerf ou de buffle sauvages séchée au soleil. Ils mangent aussi des lézards, des serpents et d'autres reptiles. Ils ne cultivent la terre que pour les besoins les plus nécessaires de la vie. Ils vont à la pêche et à la chasse, font des paniers et abattent des poutres qu'ils font tirer par des buffles jusqu'à la rivière ; ils en forment des radeaux, qu'ils vont vendre à Chanthabury. Les quadrupèdes les plus curieux qui peuplent les forêts sont les singes, depuis le petit sapajou jusqu'à l'orang-outang. On trouve parfois une espèce de singe babouin très-dangereux ; s'il rencontre un homme, il le prend par un bras, se met à rire de toutes ses forces en fermant les yeux, et finit par l'étrangler, si l'homme ne saisit pas ce moment pour le poignarder.

Depuis quelques années, il a paru dans ce pays un animal extraordinaire et inconnu jusqu'à ce jour ; c'est un quadrupède gros comme un taureau ; sa tête ressemble à celle du singe ; il a le cou et les épaules rouges ; le reste du corps est noir, et son cri ressemble au rugissement du lion. Tous les autres animaux féroces s'enfuient à sa présence.

Passons à l'île de Ceylan, la Taprobane des Grecs, dont les montagnes en forme de cirque sont couronnées de forêts d'ébéniers, que domine à soixante-dix mètres le gigantesque *talipot*, dont une seule feuille peut fournir un abri à une douzaine de personnes. C'est dans les forêts épaisses de l'intérieur qu'habite le Veddah, avec les éléphants et les buffles sauvages. Cette caste singulière a cherché dans ces hauteurs inaccessibles un refuge contre les conquérants. La chasse fournit au Veddah la nourriture dont il a besoin. Il fait sécher la viande au soleil, ou la fait cuire sous la cendre. Le miel fait aussi partie de sa nourriture, et il le recherche avec avidité. Dans les grandes chasses, qui durent quelquefois plusieurs semaines, il passe la nuit sur les arbres et il ne craint pas d'attaquer les animaux les plus redou-

tables. Une seule de ses flèches suffit quelquefois pour
abattre un éléphant. Quand la chasse manque, il n'a
que du miel pour se garantir de la famine, et quelquefois
même il ne lui reste que les feuilles des arbres. Le
Veddah est sérieux et même sombre, et ce caractère se
retrouve presque dans ses danses et dans ses chants.
Généreux et hospitalier, il reçoit avec cordialité l'étranger qui se présente sans armes. La religion des Veddahs
doit se ressentir de leur profonde ignorance. Occupés
uniquement à soutenir leur malheureuse existence, ils
ne peuvent imaginer un Dieu bon. Ils invoquent *Jaccon*
et lui offrent du miel pour l'apaiser. Toute maladie est
l'ouvrage d'un malin esprit, et celui qui succombe passe
aussitôt dans le corps d'un vivant pour le tourmenter.
Leur langue comprend très-peu de mots, et ils ne
comptent que jusqu'à dix. Leur poésie, ce sont quelques
couplets en mémoire des chasseurs fameux de leur
nation.

Des Veddahs de Ceylan, nous allons aux Eleuthes ou
Kalmouks de Mongolie, qui ne diffèrent pas essentiellement des Mongols ou du portrait que Procope nous a
laissé des fameux Huns. Abandonnés dès leur enfance à

la nature, ils ont tous le corps bien fait et les membres déliés. Ils sentent la fumée d'un camp, ils entendent le trot d'un cheval, ils distinguent dans leurs plaines immenses le plus mince objet, à une distance étonnante. Les Eleuthes aiment la société et les festins, et c'est avec la plus grande jouissance qu'ils partagent avec leurs amis tout ce qu'ils ont de provisions de bouche. Ils préfèrent à toutes les commodités d'une vie régulière la liberté de leur vie nomade et leurs cabanes transportables. Chasser, garder les troupeaux, construire des tentes, voilà les seuls travaux qu'un Eleuthe croit convenables à la dignité d'un libre enfant du désert. En été, ils ne boivent que du lait de jument; celui de vache est la boisson d'hiver, et celui de brebis sert à faire du fromage et du beurre. Un homme opulent possède jusqu'à mille chevaux. Le chameau est réservé pour transporter les tentes et les bagages. Les chameaux blancs ont seuls l'honneur de porter les idoles, les livres religieux et tout ce qui tient au culte. Les romances plaintives et les chants épiques de ce peuple ont le caractère sombre et gigantesque de la nature du pays; les rochers, les torrents et les météores d'Ossian y figurent à côté de légendes

-miraculeuses, aussi bizarres que celles des Hindous. On y rencontre aussi ces traits d'une vérité sublime qui plaisent à toutes les nations; ainsi la romance d'une tribu fugitive commence par cette image : « Après avoir épuisé toute leur fureur, les eaux du vaste lac s'apaisent : tels sont les troubles de ce monde et leur tranquille oubli. »

Nous terminerons cette revue des tribus asiatiques par les peuples nomades de la Sibérie et du Kamtchatka. Les mœurs de Saint-Pétersbourg, avec la vanité et l'ostentation russes, ont bien pénétré dans les villes de Sibérie, mais elles n'ont pu s'étendre aux villages tristement épars au milieu de vastes forêts. Quelques cultivateurs, riches en troupeaux, ignorent presque l'usage de l'argent et mènent une vie patriarcale. Les chasseurs, errant dans les déserts, deviennent presque des sauvages : la terre glacée leur sert de lit; les baies des arbustes étanchent leur soif; ils boivent même le sang des animaux que leurs balles viennent d'atteindre.

Sur les deux rives de l'Irtyche, les Tartares, adonnés à la vie pastorale, négligent l'agriculture. En été, ils campent sous leurs tentes de nattes; l'hiver, ils rentrent dans leur village. Plus loin, ils se livrent à la chasse avec ardeur; quelques-uns exploitent le fer, et leurs femmes filent une espèce de lin sauvage qui croît dans les steppes voisines. Une partie de ces Tartares a embrassé le christianisme. Ils déposent leurs morts dans des cercueils qu'ils suspendent aux arbres, à la manière du Canada.

Chez les Toungouses, comme chez les Eleuthes, la vue et l'ouïe sont d'une finesse et d'une délicatesse incroyables. Ces nomades connaissent chaque arbre et chaque rocher dans leur district; ils peuvent indiquer clairement au voyageur une longue route par la description des arbres et des pierres qui s'y trouvent. Leurs tribus couvrent de leurs habitations mobiles presqu'un tiers de la Sibérie, par groupes de huit à dix tentes ou de cabanes formées de quelques perches fixées dans le sol et couvertes d'écorce de bouleau, avec une ouverture pratiquée au sommet pour laisser un passage à la fumée. Ils mangent de tous les animaux qu'ils tuent, à l'exception du loup. Tandis que les hommes vont à la chasse et à la pêche et que d'autres plus laborieux font le métier de forgeron, ou fabriquent des selles, des brides, des arcs et des flèches, les femmes se livrent aux travaux les plus rudes : ce sont elles qui prennent soin du bétail, qui préparent les peaux et font les vêtements de toute la famille.

A l'est du lac Baïkal, plusieurs ont embrassé le christianisme ; mais il y a encore des superstitions, dont nous citerons les plus remarquables. *Bouga*, après avoir créé le ciel et la terre, rassembla du fer de l'orient, du feu du midi, de l'eau de l'occident et de la terre du nord, et en fit un homme et une femme dont la chair et les os étaient de terre, le cœur de fer, le sang d'eau, et la chaleur vitale de feu. Lorsque le genre humain se fut multiplié, *Bouninga*, l'esprit des ténèbres, en réclama la moitié comme sa propriété. Bouga refusa de lui accorder les vivants ; mais il lui promit de lui abandonner les hommes vicieux, après leur mort, pour qu'il leur infligeât des peines dans l'enfer, qui est situé au centre de la terre.

Une autre croyance admet l'existence d'un Dieu qui a créé toutes choses, et dont le favori *Sadou* lui transmet les prières des hommes et intercède pour eux. Cette croyance admet aussi la transmigration des âmes, mais

d'une manière indéterminée, suivant la volonté suprême
du Créateur.

A l'extrémité nord-est de l'Asie, des hommes habitent
le creux des rochers ou se bâtissent des cabanes et se
chauffent avec des ossements de baleine. Pêcheurs
intrépides, ils trouvent de sérieuses ressources dans les
innombrables troupeaux de rennes qui cherchent leur
nourriture dans ces montagnes désolées. Le climat de
ces pays, si près du pôle nord, n'est pas si inclément
qu'on pourrait le supposer. Les hivers de cette contrée
sont de dix mois; mais le froid et la chaleur n'y ont
jamais un haut degré d'intensité, parce que les brouillards de la mer y entretiennent une température humide.
L'inconstance extrême des vents entraîne celle du climat:
l'on y passe souvent, dans un instant, de l'été à l'hiver.

L'entretien des bestiaux pourrait devenir d'une grande
importance au Kamtchatka. Les pâturages y sont excellents et l'herbe y ondoie à grands flots comme dans la
Louisiane; mais les habitants préfèrent encore aux
bœufs et aux moutons le renne et le chien. Le renne,
oui; mais pourquoi le chien? Ces animaux intelligents
sont les seules bêtes de somme employées au Kamtchatka,

et là vous verrez la *poste aux chiens* préférée à la poste aux chevaux. Il paraît qu'ils supportent mieux la fatigue que le renne et qu'ils parcourent jusqu'à douze lieues par jour avec un poids de 160 livres.

Le chien employé à cet usage, qu'on nourrit avec du poisson sec, est semblable au loup, dont il diffère cependant par ses longs poils d'un gris ardoise ou cendré. Quatre de ces animaux attelés à un traîneau peuvent tirer avec facilité trois voyageurs avec leurs bagages; quelquefois cependant les attelages sont plus nombreux. Cette race est, comme les autres, susceptible d'attachement pour le maître ou pour la famille qui la nourrit; mais ceux qui sont employés au trait sont traités avec tant de rigueur, qu'ils contractent tous les défauts de l'esclave : la duplicité, l'amour du vol et le désir de fuir son maître. On reconnaît ces mauvais penchants à leur regard oblique et à leur expression continuelle de méfiance. On recherche surtout, pour être dressés, ceux qui ont les jambes hautes, les reins larges, le museau pointu et les oreilles longues. Bien que celui qui les dirige soit armé d'un fouet, il s'en sert rarement, parce que le chien qui a reçu le coup mord son voisin; celui-ci en fait autant à un troisième, et le désordre se met dans l'équipage, à tel point que les harnais se mêlent et que la liquidation se fait quelquefois au fond d'un précipice. Ces pauvres animaux sont très-peu nourris, afin qu'ils soient légers ; mais pendant la courte durée de l'été, on les laisse libres. Ils profitent de leurs vacances en se nourrissant de poissons qu'ils épient sur le bord des rivières, et qu'ils prennent avec beaucoup d'adresse.

Les îles Kouriles forment en quelque sorte le prolongement des montagnes du Kamtchatka. D'un difficile accès par les écueils qui les entourent, elles sont exposées à de violents tremblements de terre et à des brouillards presque continuels. La végétation y est rabougrie ; mais elles possèdent les animaux à fourrures précieuses de la Sibérie, pays singulier d'où la Russie tire aujourd'hui plusieurs millions par an, sans compter les avantages d'une communication commerciale avec la Chine et l'Amérique.

Les anciens Grecs et les Romains étendaient leur *Océan Scythique* sur l'espace qu'occupe la Sibérie. Ptolémée, plus instruit, place au nord-est de la mer Caspienne une vaste *terre inconnue* ; mais les rayons de la géographie ancienne atteignent à peine les monts Ouraliens. Dans le moyen-âge, les voyageurs, et entre autres Marco-Polo, entendirent les *Tartares* parler vaguement d'un pays riche en pelleteries et couvert d'*éternelles ténèbres*. La conquête par les Cosaques de cette nature sauvage, âpre et indomptable, qui prédomine encore sur une civilisation à peine ébauchée, fut suivie d'une série de découvertes qui étendirent la domination russe et les connaissances géographiques jusqu'à l'extrémité orientale de l'Asie.

XII.

RECHERCHES EN AMÉRIQUE.

Premiers habitants. — Tribus de la Sibérie américaine. — Les Aléoutiens et aspects sauvages du pays. — Mœurs diverses des côtes nord-
ouest. — Tribus à l'est des montagnes Rocheuses : Esquimaux,
Chippaways et Knistenaux. — Hurons et Iroquois. — La Gaspésie et
la région du Missouri : Sioux, *Gens du Lac*, *Gens de feuilles*. — Tribus
des Yanetongs, des Folles-Avoines et des Otagamis. — Mandanes,
Indiens-Serpents, Kansas et Osages. — Principales tribus de l'Amérique méridionale. — Religion des Muyscas et des Péruviens. —
Mœurs des bergers de la Plata. — Les Guaranis, les Araucans et
les Aucas. — Terre de Feu. — Fuégiens, Yacanacus et îles Malouines. — Terres australes vues par Dumont d'Urville en 1840.

L'Amérique, dans ses mœurs comme dans ses langues,
montre l'empreinte d'anciennes communications avec
l'Asie, mais à une époque antérieure aux croyances my-
thologiques actuelles des peuples asiatiques ; car un
savant américain a prouvé que toutes les nations éparses
depuis la baie d'Hudson jusqu'au golfe du Mexique, bien

qu'inconnues les unes aux autres et parlant un idiome différent, n'avaient jadis qu'une seule et même religion. Elles adoraient un Etre suprême, créateur de toutes choses, qui aime à se communiquer à certaines âmes choisies; elles ne se permettaient pas de le représenter sous une forme physique, mais reconnaissaient des génies tutélaires dont elles faisaient des images. Elles croyaient à l'immortalité de l'âme et aux récompenses futures dans une autre vie.

Aucune tradition américaine ne remonte à cette époque infiniment reculée. Les traditions du Nord se bornent à assigner la région où jaillissent les sources du Missouri, du Colorado et du Rio-del-Norte, comme la patrie d'un très-grand nombre de tribus. En général, depuis le VIIᵉ jusqu'au XIIIᵉ siècle, la population paraît avoir continuellement reflué vers le Sud et vers l'Est. Les tableaux hiéroglyphiques des Aztèques nous ont transmis la mémoire des époques principales qu'offre la grande migration des peuples américains. Cette migration a quelque analogie avec celle qui, au Vᵉ siècle, plongea l'Europe dans un état de barbarie dont nous ressentons encore les suites funestes dans plusieurs de nos institutions sociales.

Les peuples qui traversèrent le Mexique laissèrent au contraire des traces de culture et de civilisation. Les Toultèques y parurent pour la première fois en 648 et les Aztèques en 1196. Les premiers introduisirent la culture du maïs et du coton, construisirent des villes, des chemins, et surtout ces grandes pyramides que l'on admire encore aujourd'hui. Ils connaissaient l'usage des peintures hiéroglyphiques, savaient fondre des métaux et tailler les pierres les plus dures. La force de leur gouvernement indiquait leur descendance d'ancêtres qui avaient éprouvé de grandes vicissitudes dans leur état social.

Mais quelle est la source de cette civilisation ? Quel est le pays d'où sortirent les Toultèques et les antiques Mexicains? Quand on se rappelle les monuments qu'un peuple inconnu a laissés dans la Sibérie méridionale, quand on rapproche les époques de l'apparition des Toultèques et celles des grandes révolutions de l'Asie, lors des premiers mouvements des Turcs, on est tenté de voir dans les premiers conquérants du Mexique une nation civilisée qui avait fui des rives de l'Irtyche ou du lac Baïkal, pour se soustraire au joug des hordes barbares du plateau central de l'Asie.

Le grand déplacement des tribus américaines du Nord est constaté par d'autres traditions. Tous les indigènes des États-Unis du Midi prétendent y être arrivés de l'Ouest, en passant le Mississipi. Les Chipiouans (Chepewyans en anglais) ont seuls des traditions qui paraissent indiquer leur sortie d'Asie. Ils habitaient, disent-ils, un pays très-reculé vers l'ouest, d'où une nation méchante les chassa; ils traversèrent un long lac, rempli d'iles et de glaçons; l'hiver régnait partout sur leur passage; et ils débarquèrent près de la rivière de Cuivre

Ces circonstances ne sauraient s'appliquer qu'à une émigration d'une peuplade de la Sibérie qui aurait passé le détroit de Behring ou quelque autre détroit inconnu et encore plus septentrional. L'Anglais Adair a démontré les ressemblances de mœurs qui existent entre les anciens Hébreux et les peuples de la Floride et des Carolines. Les Egyptiens, d'après le savant Huet, seraient les ancêtres des Mexicains. Beaucoup d'écrivains ont soutenu la réalité des expéditions carthaginoises en Amérique, et on ne saurait en nier absolument la possibilité. On connaît trop peu la langue de ce peuple fameux, né d'un mélange d'Asiatiques et d'Africains, pour avoir le droit de décider qu'il n'existe aucune trace d'une invasion carthaginoise. Les Scandinaves ont conservé les preuves historiques de leurs navigations au Groënland et à Terre-Neuve; mais elles ne remontent qu'au xe siècle, et elles prouvent seulement que l'Amérique était déjà peuplée en totalité, argument très-fort pour la haute antiquité des nations américaines.

En résumé, les traditions, les monuments et les usages, comme les idiomes, rendent très-probables plusieurs invasions de nations asiatiques durant les siècles antérieurs à l'histoire. L'émigration a continué dans les siècles suivants. Des Européens et des Africains se sont mêlés aux Asiatiques, et le Nouveau-Monde était peuplé en grande partie à l'arrivée de Christophe Colomb.

Nous avons quitté l'Asie au Kamtchatka, et, comme les premiers peuples, nous glissons sur les glaces polaires pour nous emparer de l'Amérique. Ces régions du Nord, qu'on pourrait appeler la Sibérie américaine, sont encore en grande partie inconnues, après les voyages récents de Ross, de Parry et autres. Dans le chapitre suivant nous ferons la description détaillée de ces régions que jamais ne foula le pied d'un homme, et nous chercherons les résultats qu'on pourrait obtenir par de nouvelles explorations. Ici nous cherchons les indigènes, ces peuples sauvages ou à demi civilisés qui ont droit à notre sympathie et à notre sollicitude. Nous parcourrons donc rapidement les deux Amériques, en nous arrêtant de préférence aux lieux les moins connus ou les plus intéressants à étudier.

La langue des Aléoutiens, différente de celle du Kamtchatka, paraît avoir quelque analogie avec les idiomes de Yeso et des îles Kouriles. Le climat des îles Aléoutes est plus désagréable par l'humidité que par la rigueur du froid. La neige très-abondante ne disparaît qu'au mois de mai, et presque toutes ces îles présentent des montagnes très-élevées, composées de jaspe, de porphyre, avec des veines de pierre transparente, semblable à la calcédoine. Les îles du côté du continent produisent des pins, des mélèzes et des chênes; mais à l'ouest elles n'ont que des saules rabougris. La verdure y a beaucoup d'éclat. Les mûres de buisson croissent sur les montagnes et les framboises sauvages dans les vallées. Dans l'île de Kadiak, outre les grandes forêts de pins qui fournissent d'excellent bois de construction, il y a une immense quantité de groseilliers et de framboisiers, dont les fruits, avec le poisson et quelques racines, nourrissent les pauvres habitants.

La partie du continent comprise sous le nom de Russie américaine présente de toutes parts les aspects les plus sauvages et les plus sombres. Au-dessus d'une rangée de collines couvertes de pins et de bouleaux, s'élèvent des montagnes nues, couronnées d'énormes masses de glaces, qui souvent s'en détachent et roulent avec un fracas épouvantable vers les vallées qu'elles remplissent, entraînant avec elles des forêts déracinées et dispersées comme par enchantement. Entre le pied de ces montagnes et la mer qui s'avance toujours, s'étend une lisière de terres basses, dont le sol est presque partout noir et marécageux, et qui produit en abondance des mousses grossières et des gramens très-courts. Sur la côte du détroit de Behring, on trouve des hameaux plus nombreux qu'on ne le supposerait sous un semblable climat; mais l'intérieur n'a pas été visité. Dans la Nouvelle-Arkhangel, centre de la compagnie russe, une centaine de maisons renferment un millier d'habitants ; mais la forteresse , garnie de quarante canons, contraste singulièrement avec l'aspect sauvage des sites environnants. Les pelleteries que les Russes tirent de ces contrées proviennent principalement des loups marins, des phoques et des loutres de mer. Les Indiens, employés comme chasseurs, apportent de l'intérieur du continent des peaux de renards bleus, noirs et gris. Déjà les chasseurs russes franchissent les montagnes Rocheuses et se croisent probablement avec les chasseurs canadiens.

Les peuplades de la côte nord-ouest se divisent en une foule de races qui se distinguent par le nom de certains animaux : ainsi, il y a une race de l'Aigle, du Loup, du Corbeau, de l'Ours; et lorsqu'on entre dans un village, on sait bientôt à quelle race il appartient, car la cabane du chef est couronnée d'un symbole qui représente l'animal, peint avec plusieurs couleurs. Les belliqueux et féroces Kalougiens habitent cette côte, et, munis de quelques armes à feu, ils font encore aux Russes une guerre opiniâtre. C'est dans ce territoire que l'infortuné La Pérouse découvrit le *Port des Français*. Forger le fer et le cuivre, fabriquer à l'aiguille une sorte de tapisserie, natter avec beaucoup d'art et de goût des chapeaux et des corbeilles de roseaux, tailler, sculpter et polir la pierre serpentine, telles sont les prémices de la civilisation naissante de cette tribu. Mais la fureur du vol, la malpropreté des cabanes, et la coutume de porter un morceau de bois dans la lèvre fendue, les rapprochent de leurs sauvages voisins, qui viennent aggraver la barbarie primitive d'une barbarie déjà trop vieille.

Ces peuplades sont dans un état continuel d'hostilité. La vanité des chefs et le pillage des subsistances sont les deux principales causes de guerre. Ils la font avec acharnement; pendant la nuit ils surprennent le village ennemi et en égorgent tous les habitants. Lorsqu'une peuplade déclare la guerre à une autre, les guerriers se peignent le corps en noir, afin d'inspirer plus de terreur, et se couvrent la tête avec des crânes ornés du symbole de leur race.

De grossiers vêtements de lin, des couvertures de peaux d'ours et de loutres marines, les couleurs rouges, noires et blanches dont ils enduisent leurs corps, tout leur costume ordinaire retrace l'image de la misère et de l'ignorance. Plusieurs familles demeurent ensemble dans

une même cabane, et des demi-cloisons en bois donnent
à ces huttes l'air d'une écurie. Leurs pirogues légères,
plates et larges, voguent sur les flots d'une manière assu-
rée; leur attirail de pêche et de chasse est ingénieux et
d'une exécution heureuse. En descendant les montagnes
Rocheuses, on trouve plusieurs tribus qui ont l'habitude
d'aplatir la tête de leurs enfants encore très-jeunes.
Plus loin, les Koukouses sont plus blancs et n'ont pas la
tête aplatie. En général, le teint de toutes ces tribus, soit
à tête ronde, soit à tête plate, est d'un brun cuivré,
plus clair que celui des peuplades du Missouri et de la
Louisiane. Les Indiens des rives du Frazer, qui se
jette dans le golfe de Géorgie, ont la physionomie
agréable et montrent beaucoup de propreté. Ils conservent
les ossements de leurs pères enfermés dans des caisses
ou suspendus à des poteaux. En hiver, ils se servent de
traineaux, auxquels ils attellent de gros chiens comme
au nord de la Sibérie. Dans le détroit de Johnston, un
village de misérables huttes est décoré de figures qui
paraissent avoir un sens hiéroglyphique, et cette espèce
de peinture est répandue sur toute la côte nord-ouest.
Tous ces peuples montrent beaucoup d'adresse dans

leur manière de faire le commerce, et beaucoup de courage dans la pêche. Leur génie paraît s'être développé, et il faut espérer qu'ils sont capables de civilisation.

Si nous franchissons les montagnes Rocheuses pour visiter les Indiens du nord-est, nous voyons s'incliner vers la baie d'Hudson et vers les mers glaciales inconnues un immense pays entrecoupé de lacs, de marais et de rivières, plus abondants et plus nombreux que dans aucune autre région du globe. Quelques endroits sont susceptibles de culture, comme les bords de la rivière Rouge et de l'Assinipoil, où l'orge et le seigle peuvent mûrir et où le chanvre devient très-beau. Mais l'éloignement des ports du Canada et le peu d'utilité de ceux de la baie d'Hudson, obstrués par les glaces les deux tiers de l'année, embarrasseraient beaucoup une première colonie. Ce ne sera que par une lente progression que la population européenne du Canada s'avancera jusque dans ces régions.

Trois nations indigènes se partagent ces tristes régions. Les *Esquimaux* habitent depuis le golfe Welcome jusqu'au Mackensie et au détroit de Behring ; ils s'étendent au sud jusqu'au lac de l'Esclave ; au nord, ils s'arrêtent sur les bords de la mer Polaire ou prolongent leurs courses dans un désert glacé. Ces hommes polaires, trapus et faibles, ont le teint moins cuivré que d'un jaune rougeâtre et sale. Leurs cheveux noirs, longs et rudes, sont encadrés par des oreilles larges et *mobiles*. Leurs canots, formés de peaux de veau marin cousues sur une carcasse en bois ou en os de baleine, naviguent avec vitesse. Ces sauvages conservent leurs provisions de viande dans des outres remplies d'huile de baleine, et s'habillent de peaux de phoques, en mettant le poil en dehors. Leur seul animal domestique, qu'on attelle à un petit traîneau comme en Sibérie, est une espèce de chien berger qui n'aboie point et dont le cri est une sorte de grognement.

Les *Chippaways*, au nombre de quinze à vingt mille, paraissent s'étendre depuis le lac de l'Esclave jusqu'aux monts Rocheux à l'ouest et jusqu'aux sources du Missouri au sud-ouest. Très-pacifiques entre eux, ces Indiens sont continuellement en guerre avec les Esquimaux, sur lesquels la supériorité du nombre leur donne un grand avantage. Leur pays ne produit qu'une grande quantité de mousse, que paissent les daims et qui sert d'aliment aux hommes. On la fait bouillir dans l'eau , et en se dissolvant elle forme une substance glutineuse assez nourrissante. Le poisson abonde dans leurs lacs et des troupeaux de daims couvrent leurs collines. Mais , quoiqu'ils soient les plus économes des sauvages du Nord, ils ont beaucoup à souffrir de la disette en cer—taines années. Ils se représentent le Créateur du monde sous la figure d'un oiseau dont les yeux lancent des éclairs et dont la voix produit le tonnerre. Les idées d'un déluge et de la longue vie des premiers hommes leur sont héré—ditaires. Le meurtre est très-rare parmi eux. L'homme qui a versé le sang de son compatriote est abandonné par ses parents et ses amis ; il est réduit à une vie errante, comme Caïn ; et dès qu'il sort de sa retraite , chacun s'écrie : « Voilà le meurtrier qui paraît. »

Les *Knistenaux*, d'une stature médiocre et d'une extrême agilité, parcourent tout le pays au sud du lac des Montagnes jusqu'aux lacs du Canada et depuis la baie d'Hudson jusqu'au lac Ouinnipeg. Des yeux noirs et perçants animent leur physionomie agréable et ou—verte ; mais ils se peignent le visage de diverses couleurs. Ils ont pour compagnons le renne , l'ours noir et blanc, le renard, le chat sauvage, la martre, le castor, la loutre, le lièvre et l'hermine. Les perdrix et les courlis y abondent. Toutes les eaux sont extrêmement poissonneuses. Les ours se réunissent en grandes troupes auprès des cataractes pour y prendre le saumon qui y remonte en très-grand nombre et dont ils sont très-friands. Il y en a qui plongent, poursuivent leur proie sous les eaux, et ne reparaissent qu'à deux cents mètres de distance ; d'autres, plus paresseux ou moins agiles, semblent être venus là pour jouir du spectacle.

Quelques tribus sauvages vivent aussi sur les limites et dans l'intérieur du Canada. Les Hurons, autrefois célèbres, mais ruinés par leurs guerres avec les Iroquois, ne forment plus que quelques hameaux et quelques familles, qui ont embrassé le christianisme. Les Iroquois, nation redoutable et généreuse, sont réduits eux-mêmes à quelques tribus, qui habitent les bords de l'Ottawa. Non loin de Montréal, une de leurs peuplades, devenue chrétienne, a une dévotion particulière à la sainte Vierge. Les Indiennes, par principe de religion et d'humanité, élèvent souvent les enfants naturels abandonnés par leurs pères européens. En descendant par le

fleuve Saint-Laurent, nous voyons à droite une contrée
très-semblable aux parties les plus montueuses du
Canada, bien boisée, bien arrosée, mais assiégée de
brumes marines qui en déprécient la température.
C'est la *Gaspésie*, patrie ancienne d'une tribu indienne
remarquable par ses mœurs et par le culte qu'elle rendait au soleil. Les Gaspésiens distinguaient les aires de
vent et traçaient des cartes de leur pays. Une partie de
cette tribu adorait la croix avant l'arrivée des missionnaires, et conservait une tradition curieuse sur un
homme vénérable qui, en leur apportant ce signe sacré,
les avait délivrés d'une épidémie.

Mais voici que les frimas disparaissent, les brumes se
dissipent, les arbres étalent des rameaux vigoureux, les
champs se couvrent d'une moisson plus abondante.
Partout l'homme est occupé à bâtir des maisons, à fonder
des villes, à subjuguer la nature, à défricher des terrains ; nous entendons partout les coups de la cognée,
le ronflement des forges ; nous voyons les antiques
forêts livrées aux flammes et la charrue sillonnant leurs
cendres ; nous apercevons des villes riantes, des palais
et des temples à peu de distance des cabanes habitées

par de misérables sauvages ; nous sommes dans l'Amérique fédérée, aux Etats-Unis, l'un des plus grands empires du monde.

Notre but n'étant pas ici d'étudier les peuples civilisés, nous allons parcourir l'immense territoire du Nord-Ouest et nous élancer au milieu des tribus qui se croient encore indépendantes, et dont cependant la république américaine considère le territoire comme soumis à sa souveraineté.

La puissante nation des *Sioux* est la terreur de toutes les peuplades sauvages, depuis le pays des Indiens-Serpents et la rivière du Corbeau au nord jusqu'au confluent du Missouri et du Mississipi. Elle se divise en plusieurs tribus : les *Gens du Lac* passent pour les plus braves, et eux seuls font usage de canots. Ils construisent des cabanes de troncs d'arbres, récoltent un peu de maïs et de fèves ; mais l'avoine sauvage que la nature fournit à presque tout le nord-ouest de ce continent, leur sert principalement en guise de pain. La bande des *Gens de feuilles* erre dans le pays compris entre la prairie des Français et la rivière Saint-Pierre.

La bande vagabonde des *Yanetongs* du nord et du sud

maintient son indépendance dans les vastes solitudes entre la rivière Rouge et le Missouri; elle s'y confond avec celle des *Titons*, dispersée sur les deux rives depuis la rivière du Chien jusqu'au pays des Minetares. Le bison fournit à ces deux bandes la nourriture, le vêtement et l'habitation, ainsi que les selles et les brides de leurs chevaux, dont elles possèdent des troupes innombrables. La bande qui chasse vers les sources de la rivière des Moines et qui fournit aux deux bandes précédentes le peu de fer dont elles ont besoin, paraît être la plus indolente et la plus stupide de la nation des Sioux, qui sont en général les plus belliqueux et les plus indépendants des Indiens des Etats-Unis. La guerre est leur passion dominante; mais les marchands peuvent voyager parmi eux en toute sûreté, en ayant soin cependant de ne pas blesser le point d'honneur de ces sauvages.

Les beaux traits de leurs voisins, que les Français appellent *Folles-Avoines*, ont charmé tous les voyageurs, et les blancs les estiment comme des protecteurs et des amis. Leur physionomie respire à la fois la douceur et une noble indépendance; ils ont le teint plus clair que celui des autres indigènes, des yeux grands et expressifs, de belles dents, la taille bien prise, beaucoup d'intelligence et des mœurs patriarcales. Ils demeurent sous des huttes fort spacieuses et couchent sur des peaux d'ours qu'ils ont tués à la chasse.

Les *Otogamis* se sont réfugiés sur le Mississipi, où ils habitent trois villages, et ils étendent leur chasse jusqu'à la rivière du Renard. Ils cultivent les fèves, les melons et surtout le maïs, dont ils peuvent vendre plusieurs centaines de boisseaux par an. De petites tribus isolées habitent les deux rives du Missouri. Quelque fertile que soit le sol de cette contrée, il n'y a peut-être pas de pays sur la terre où il y ait moins d'habitants. La population a été décimée par les ravages de la petite vérole. Quand ils virent leurs forces diminuer et s'évanouir devant une maladie à laquelle ils ne pouvaient résister, leur frayeur fut extrême : ils brûlèrent leurs villages ; quelques-uns tuèrent leurs femmes et leurs enfants, pour leur éviter une affliction aussi cruelle et pour les faire passer dans un monde meilleur. A ce fléau, il faut ajouter les effets pernicieux des liqueurs spiritueuses et les guerres que ces sauvages se font mutuellement. Au reste, la chasse, dans ce pays, ne paraît pas être d'un grand rapport, et la culture reste dans un état languissant.

Les *Mandanes*, autre tribu de ces régions, croient aussi à une existence future. Toute la nation, disent-ils, demeurait dans un grand village sous terre, auprès d'un lac souterrain ; une vigne étendait ses racines depuis la surface de la terre jusqu'à leur demeure, et leur laissait apercevoir le jour à travers quelques fentes. Quelques-uns des plus hardis grimpèrent au haut de la vigne, et furent charmés de voir une terre riche en fruits de toute espèce et couverte de buffles. De retour dans leur souterrain, ils firent goûter à leurs camarades les grappes qu'ils avaient apportées, et tout le monde en fut si enchanté, qu'on résolut unanimement de quitter cette sombre demeure pour la belle contrée d'en haut. Hommes, femmes, enfants, tous montèrent le long du cep ; mais quand la moitié de la peuplade fut arrivée sur la terre, une grosse femme, en voulant monter, cassa le cep par son poids, et se priva, ainsi que le reste de la nation, de la clarté du soleil. Quand les Mandanes meurent, ils espèrent retourner à l'ancien établissement de leurs ancêtres, où les bons arrivent en traversant un lac, tandis que les méchants s'y noient, accablés par le fardeau de leurs péchés.

Dans les contrées méridionales des montagnes Rocheuses, errent les *Indiens-Serpents*, qui comptent neuf cents guerriers et peut-être quatorze mille individus. Ils vivaient autrefois dans les plaines du Missouri ; mais les *Indiens-Voleurs* les ont chassés dans les montagnes, d'où ils ne sortent plus qu'à la dérobée pour visiter la terre de leurs ancêtres. Comme le saumon, leur principal aliment, disparaît au commencement de l'automne, ils sont contraints pendant tout l'hiver d'aller chasser le buffle sur les bords du Missouri ; mais ils n'avancent de ce côté qu'avec beaucoup de précaution et lorsqu'ils ont été joints par quelques tribus alliées. Dans cet état nomade et précaire, ils éprouvent des besoins extrêmes. Il se passe souvent des semaines entières sans qu'ils trouvent d'autre nourriture qu'un peu de poisson et de racines. Cependant ces privations ne sont pas capables d'abattre leur courage ou de diminuer leur bonne humeur. Cette tribu a de la dignité dans son état de détresse. Francs et communicatifs, les Indiens-Serpents mettent de la candeur dans les partages, et on ne voit chez eux ni vol ni fraude.

Les *Kansas* et les *Osages*, en se portant plus à l'est, se sont trouvés en collision avec les *Panis*, les Tancards et autres. Les mets ordinaires des Osages sont des épis verts de maïs préparés avec de la graisse de bison, des citrouilles bouillies et des viandes. Ils sont hospitaliers par ostentation ; et lorsqu'un Américain des Etats-Unis entre dans un village, l'usage veut qu'il se présente d'abord à la cabane du chef, qui lui sert un repas où son hôte mange le premier, à la manière des anciens patriarches. Ensuite tous les personnages les plus importants du village invitent l'étranger, et ce serait leur faire une grande insulte que de ne point obéir à l'appel, en sorte que dans une même journée on peut recevoir une douzaine d'invitations. C'est le cuisinier qui les fait en criant : « Venez et mangez ; un tel donne un festin ; venez et jouissez de sa libéralité. » Les cabanes, dans les villages, sont dressées sans ordre et quelquefois si rapprochées, qu'elles obstruent le passage. Pour surcroît d'embarras, les chevaux parquent la nuit au milieu des rues, lorsqu'on a lieu de craindre l'ennemi. Les Osages se distinguent des autres Indiens par une taille élevée, des formes élégantes, et une couleur de peau rouge brique. Ils sont redoutés des peuplades au sud et à l'ouest de leur territoire, mais ils ne sauraient lutter avec les guerriers du nord, munis de bons fusils rayés.

Les Kansas, quoique moins nombreux que les Osages, sont plus redoutables par leur courage, et font quelquefois trembler jusqu'aux *Panis*, qui errent depuis longtemps sur les rives du Rio-Grande. Ces derniers donnent la chasse aux chevaux sauvages et les domptent pour les vendre ensuite aux Mexicains, avec lesquels ils vivent en paix. La chasse qu'ils font aussi au bison ne les empêche pas de s'appliquer à la culture des champs, ni de penser à l'avenir, en faisant des provisions pour l'hiver. Ils coupent les citrouilles en tranches fort minces, qu'ils font sécher au soleil, afin d'avoir de quoi donner à leur soupe quelque consistance pendant toute l'année. Ils ont des troupeaux d'excellents chevaux, dont ils prennent le plus grand soin. Les maisons sont de forme ronde, avec une saillie vers la porte; chaque membre de la famille a sa chambre particulière. Ils aiment les jeux d'exercice, auxquels ils se livrent dans des places publiques préparées exprès de chaque côté du village.

Dans les vastes territoires au nord-ouest du Texas, il faut encore signaler les *Comanches*, peu nombreux aujourd'hui, et qui durant un siècle ont été la terreur des colons espagnols. Ils sont pour la plupart d'une taille élevée ; leur peau est d'un rouge foncé et leurs cheveux d'un noir de jais. Les chefs portent une longue chevelure qui, sous la forme d'une tresse, pend jusqu'au milieu du dos ; de belles plaques d'argent sont attachées à cette tresse. Au-dessus du coude, ils portent un large anneau de cuivre ou d'or, auquel ils suspendent les chevelures des ennemis qu'ils ont tués. En guise de manteau, ils ont une couverture de laine rouge ou bien une peau de buffle, dont le poil est tourné en dedans. Tandis que nous sommes fort à l'étroit dans nos grandes villes, la population manque dans toute l'Amérique septentrionale et notamment au Texas, puisqu'elle n'est encore que d'un habitant par cent hectares de terrain riche et d'un climat délicieux.

Il nous reste à visiter les principaux indigènes de l'Amérique méridionale. La Colombie renferme encore un nombre très-considérable de tribus indiennes, dont plusieurs jouissent de leur indépendance, et qui presque toutes ont conservé leur langage et leur manière de vivre. Les *Gaïras*, depuis les provinces de Maracaïbo jusqu'à la vallée de Cucuta, signalent leurs incursions dans les plaines par le meurtre, le pillage et l'incendie, et souvent interceptent les routes des montagnes. On remarque aussi, à l'ouest du golfe de Darien, les *Mestizos*, qui sont trente mille individus, dont huit mille guer-riers, parmi lesquels trois mille armés de fusils : c'est un amas de sauvages, de pirates et de contrebandiers. Ceux des montagnes de Choco et de Novita attaquent même sur mer les barques chargées de vivres.

Les *Muyscas*, qui habitaient autrefois le nord-ouest de Santa-Fé, sont beaucoup plus intéressants au point de vue mythologique. Un ancien centre de civilisation au milieu de ces nations nomades ou sauvages doit tou-jours attirer l'attention de l'historien, comme foyer des institutions et des idées religieuses et politiques. Sans autre commentaire, nous livrerons au lecteur une fable recueillie par l'évêque de Panama, qui réunit un grand nombre de traits que l'on trouve épars dans les tradi-tions religieuses de plusieurs peuples de l'ancien conti-nent.

Dans les temps les plus reculés, avant que la lune accompagnât la terre, dit la mythologie des Muyscas, les habitants du plateau de Bogota vivaient comme des barbares, sans agriculture, sans lois et sans culte. Tout à coup parut chez eux un vieillard qui venait des plaines de Chingaza, à l'est des Cordillères; il paraissait d'une race différente, car il avait la barbe longue et touffue. Il était connu sous trois noms, et, semblable à Manco-Capac, il apprit aux hommes à se vêtir, à construire des cabanes, à labourer la terre et à se réunir en société. Il amena avec lui une femme qui avait aussi trois noms, dont le plus commode est *Huythaca*. D'une rare beauté, mais d'une méchanceté excessive, cette femme contrariait son époux dans tout ce qu'il entreprenait pour le bonheur des hommes. Par son art magique, elle fit enfler la rivière de Funzha, dont les eaux inondèrent toute la vallée. Ce déluge fit périr la plupart des habitants, et quelques-uns seulement s'échappèrent sur la cime des montagnes voisines. Le vieillard irrité chassa la belle Huythaca loin de la terre; elle devint la lune, qui depuis cette époque commença à éclairer notre planète pendant la nuit. Ensuite le vieillard, ayant pitié des hommes dispersés sur les montagnes, brisa d'une main puissante les rochers qui ferment la vallée du côté de Canoas. Il fit écouler par cette ouverture les eaux du lac Funzha, réunit de nouveau les peuples dans la vallée de Bogota, construisit des villes, introduisit le culte du soleil, nomma deux chefs entre lesquels il partagea les pouvoirs séculier et ecclésiastique, et se retira sur le mont d'*Idacanzas*, dans la sainte vallée d'Iraca, où il vécut dans les exercices de la pénitence pendant l'espace de deux mille ans, au bout desquels il disparut d'une manière mystérieuse.

Dans le même ordre d'idées, nous trouvons dans le Pérou des traditions respectables, qui nous ont été conservées par ces nœuds symboliques appelés *quipous*.

Les tribus du Pérou vivaient dans une barbarie complète. Nomades, elles se nourrissaient des produits de la chasse et de la pêche. Les vainqueurs déchiraient tout vivants les prisonniers de guerre. Quelques-uns d'entre eux, par l'instinct de la reconnaissance, adoraient la bienfaisante nature; les montagnes, mères des fleuves; les arbres qui donnaient du bois à leurs foyers; les animaux doux et timides, dont la chair était leur pâture ; la mer abondante en poissons et qu'ils appelaient leur nourrice ; un temple très-ancien était même consacré à un dieu inconnu et suprême. Mais le culte de la terreur était celui du plus grand nombre. Ils s'étaient fait des dieux de tout ce qu'il y avait de plus hideux, de plus horrible ; ils vouaient un respect superstitieux au jaguar, au condor, aux grandes couleuvres ; ils adoraient les orages, les vents, la foudre, les cavernes et les précipices ; ils se prosternaient devant les torrents, devant les forêts ténébreuses, au pied de ces volcans terribles qui bouleversaient la surface de la terre. A peine rendaient-ils une ombre de culte à ces affreuses divinités ; ils paraissent les avoir considérées sous le même jour que l'Africain voit ses fétiches. Cependant l'un se perçait le sein, en se déchirant les entrailles ; l'autre, plus forcené, arrachait ses enfants de la mamelle de leur mère pour les égorger sur l'autel.

La Providence divine eut pitié de ce monde, livré au génie malfaisant. Elle y envoya le sage Manco et la belle Oello, son épouse. D'où était venu ce couple vertueux et bienfaisant ? On les crut descendus du ciel. Les sauvages, répandus dans les forêts d'alentour, se rassemblèrent à leur voix. Les hommes apprirent à cultiver la terre et à l'arroser ; les femmes, à filer la laine et à bien élever leurs enfants. Aux arts furent ajoutées les lois. La voix d'une religion bienfaisante rassemble de toutes parts ces peuples barbares. Ils apprennent à s'aimer, à s'entr'aider ; ils renversent les autels sanglants élevés aux lions et aux tigres ; ils quittent la vie errante. La terre, labourée par ses habitants, ouvre son sein fécond et se revêt de riches moissons. Ne dirait-on pas un peuple converti au christianisme, si la tradition n'ajoutait pas le culte du soleil et l'autorité implacable des Incas ?

Si nous passons sur les bords de la rivière de la Plata, nous trouvons beaucoup d'Indiens qui s'occupent de la culture ; mais comme cet état est fatigant, il n'est embrassé que par ceux qui n'ont pas le moyen d'acquérir des terres et des troupeaux pour devenir bergers, ou par les journaliers qui ne peuvent pas se louer pour la conduite des troupeaux. Les agriculteurs l'emportent de beaucoup sur les bergers par leur caractère moral et leur civilisation. Ces derniers sont occupés à garder douze millions de vaches, trois millions de chevaux, avec un

nombre considérable de brebis, sans compter un grand
nombre de chevaux devenus sauvages. Tous les troupeaux domestiques sont divisés en autant de troupeaux
particuliers qu'il y a de propriétaires : un pâturage qui
n'a que quatre ou cinq lieues carrées de surface est regardé comme peu considérable. C'est dans l'intérieur de
ces vastes possessions qu'on établit les habitations des
bergers. Mais ici ce ne sont pas des mœurs patriarcales ;
car les bergers, accoutumés dès l'enfance à l'oisiveté et à
l'indépendance, ne connaissent ni mesure, ni règles, et le
calme du désert semble avoir donné à ces hommes une
profonde insensibilité. L'amour de la patrie, la pudeur
et la bienséance sont pour eux des sentiments inconnus.
Sans morale, ils sont naturellement portés à voler les chevaux ou d'autres moindres objets; mais étant aussi sans
désirs, ils ne commettent jamais de vol d'argent. Ils ont
d'ailleurs la vertu des sauvages pour l'hospitalité ; et si
quelque passant se présente chez eux, ils le logent et le
nourrissent, souvent sans lui demander qui il est ni où
il va, quand bien même il resterait plusieurs mois.

Ces Tartares d'Amérique ont beaucoup de répugnance
pour toutes les occupations auxquelles ils ne peuvent pas

se livrer à cheval; cependant ils sont fort robustes et peu sujets aux maladies. Il serait à désirer que la culture s'étendît dans ces vastes régions, qui pourraient procurer de grandes richesses agricoles. Les herbes longues et épaisses des pampas pourraient faire place un jour aux peupliers, aux saules, aux arbres fruitiers, et le bétail sauvage qu'elles nourrissent serait remplacé par une population active. Les bras, en se multipliant, donneraient de la valeur aux forêts qui bordent le Parana et d'autres importants cours d'eau; des routes tracées dans l'intérieur se joindraient aux canaux et aux fleuves rendus navigables pour faciliter les relations commerciales et porter la civilisation chez les tribus indigènes.

Les *Guaranis* forment la nation sauvage la plus nombreuse de l'Amérique méridionale. Quelques centaines de mille sont déjà convertis au christianisme, et avec un bon gouvernement on pourrait y propager la foi et la civilisation chrétienne, que les jésuites avaient essayé d'implanter dans toutes ces régions.

Plus au sud, on remarque plusieurs tribus qui croient en Dieu et à l'immortalité de l'âme. Les *Araucans* adorent le grand Esprit de l'univers; mais ils adressent aussi des hommages aux astres. Les morts sont enterrés dans des fosses carrées, le corps assis ; on met à côté les armes et les vases à boire ; on place à l'entour les squelettes des chevaux immolés en l'honneur du mort. Chaque année, une vieille matrone ouvre les tombeaux pour nettoyer et habiller les squelettes. La propriété et les actions de la vie civile y sont aussi bien réglées que parmi nos nations européennes. Les *Aucas* croient plus vivement que les autres Indiens à l'immortalité de l'âme. Pour eux, elle va dans un autre monde, de l'autre côté de la mer, où elle vit dans une continuelle abondance de toutes choses et où elle retrouve les êtres qu'elle a le plus chéris sur la terre. C'est pour faire le voyage qu'on dépose des vivres dans les tombes ; tandis que tous leurs ornements et leurs armes ont dû leur servir de parure, ainsi que leur cheval favori, qui devient immortel comme eux.

L'extrémité du continent américain et les terres les plus australes du globe méritent sans doute le nom de pays froid et sauvage. C'est par là que nous finirons notre chapitre sur l'Amérique. Le détroit de Magellan a perdu son importance nautique depuis que la découverte du cap Horn a ouvert aux navigateurs une entrée plus facile dans le grand Océan. Les extrémités des Andes, vers le cap Froward, sont chargées de neige ; mais leurs flancs nourrissent des forêts, et le Rio-Gallegos roule vers la mer de très-gros arbres. La grande île de la Mère de Dieu (*Madre de Dios*), rocailleuse et d'un aspect peu agréable, est séparée du continent par le canal de la Conception, au bord duquel viennent se terminer brusquement les Andes, dont les flancs se couvrent ici d'énormes glaciers.

Nous voici à la *Terre de Feu*. Immédiatement au sud de la Patagonie s'étend un amas d'îles montagneuses, froides, stériles, où les flammes de plusieurs volcans éclairent, sans les fondre, des neiges éternelles. La mer y pénètre par des canaux innombrables ; mais les passages sont si étroits, les courants si violents et les vents si impétueux, que le navigateur n'ose se hasarder dans ce labyrinthe de la désolation. Rien d'ailleurs ne l'y invite ; des laves, des basaltes jetées en désordre forment d'énormes falaises suspendues sur les flots mu—gissants. Quelquefois une magnifique cascade interrompt le silence du désert ; des phoques de toutes les formes se

jouent dans les baies ou reposent leurs lourdes masses
sur les grèves; quelques oiseaux singuliers y poursuivent leur proie, et le navigateur peut y cueillir du
céleri et du cresson. Telle est la côte méridionale et
occidentale de ce curieux archipel. Les autres côtes sont
beaucoup moins disgraciées de la nature, et les montagnes s'y abaissent plus doucement vers l'océan Atlantique; une assez belle verdure y pare les vallées ; on y
trouve du bois, des pâturages, des lièvres, des renards,
et même des chevaux.

Parmi les indigènes, les *Fuégiens* (4,000), d'une couleur olivâtre ou basanée, sont robustes, et leurs traits
offrent beaucoup de rapports avec ceux des Araucans,
dont ils sont voisins. Essentiellement vagabonds, leur
condition d'existence ne leur permet pas de se former
en grandes sociétés. Les *Yacanacus*, au nez plat, aux
joues proéminentes, sont si sales, qu'on ne distingue
pas la couleur de leur peau. Leurs misérables cabanes,
en forme de pain de sucre, sont toujours remplies
d'exhalaisons suffocantes ; ils vivent de poissons et de
coquillages. Ceux qui habitent près de la *baie du Succès*,
jouissent d'un peu plus de fortune.

A cent dix lieues à l'est du détroit de Magellan, les îles Malouines, où l'on ne voit ni arbres ni quadrupèdes, présentent partout des glaïeuls qui, dans le lointain, offrent l'image illusoire de bosquets verdoyants. Chaque pied forme une motte de 0ᵐ65 de haut, d'où s'élève une touffe de feuilles vertes à une hauteur à peu près égale. L'herbe pourtant abonde dans ces îles, et on y trouve du céleri, du cresson et quelques arbrisseaux semblables au romarin. Toutes les espèces de phoques, lions, veaux et loups marins, viennent se reposer entre les glaïeuls qui couvrent ces îles.

Dans le voisinage des îles Malouines, l'île Saint-Pierre (Géorgie australe) offre un grand nombre de ports et de baies ; mais les glaces les encombrent une grande partie de l'année. L'île est un amas de rochers couverts de glaces, et aucun arbrisseau ne perce la neige éternelle des vallées (55 degrés de latitude sud). L'alouette est le seul oiseau qu'on aperçoit parmi quelques touffes d'une herbe dure, de pimprenelles et de lichens. A cent cinquante lieues plus loin au sud-est, Cook découvrit des terres couvertes d'une masse de glaces (59 degrés de latitude sud) : ce sont les terres *Sandwich*, les plus australes qu'on connût à cette époque. Mais Smith est allé jusqu'au 66ᵉ parallèle austral, où il trouva une côte montagneuse environnée de glaces et de récifs, avec quelques traces de végétation et une grande abondance de phoques. C'est le nouveau *Shetland austral.*

Dans son expédition aux terres australes (1840), Dumont d'Urville se trouva en face d'une immense barrière de glaces qui se déroula sur toute la ligne de l'horizon : c'était un spectacle d'une magnificence sinistre que celui de ces immenses blocs inégaux, figurant des obélisques, des tours et d'autres monuments gigantesques. Mais une juste crainte succéda bientôt à l'admiration : il fallait éviter d'être arrêté au milieu de ces glaces. Pendant quelques jours on côtoya cette éternelle muraille pour y chercher quelque ouverture, et on finit par découvrir au loin une terre qui forme un immense ruban de neige et de glace en laissant subsister les ravines sur la pente des terres, ainsi que les baies et les pointes au rivage. Cette nouvelle terre s'étendait sous le cercle polaire antarctique et non loin du pôle magnétique : c'est la *terre Adélie,* qui s'étend indéfiniment vers l'ouest (66 degrés 1/2 de latitude sud).

La plupart de ces îles récemment découvertes, et d'un intérêt très-secondaire, puisqu'elles sont inhabitées et probablement inhabitables, ne sont cependant pas sans importance pour le commerce, puisque leurs plages sont couvertes de phoques, et leurs parages peuplés de baleines qui fournissent aux Anglais et aux Américains un appât suffisant pour braver les rigueurs d'un climat glacial et les dangers d'une mer redoutable.

Îles de corail.

(Terres inconnues.

XIII.

EXCURSION AU POLE BORÉAL.

Lieux où la nature voit mourir son influence. — Nordenskiold a tourné
le nord de l'ancien continent. — Difficultés qu'offrent les glaces
mobiles pour tourner le nord de l'Amérique. — Le Groënland et
l'Islande ; description et traditions de ces pays. — Les îles de
Spitzberg et ses montagnes admirables. — Forêts marines peuplées
de cétacés, de phoques et autres poissons curieux. — Chanson
funèbre d'un père groënlandais. — Colonisation et civilisation de
ces régions boréales.

Qui pénétrera dans ces asiles de l'hiver, dans ces
régions affreuses où le soleil éclaire inutilement des
champs éternellement stériles, des plaines tapissées
d'une triste mousse, des vallées où jamais l'oiseau ne fit
entendre aucun gazouillement, lieux où la nature voit
mourir son influence vivifiante et se terminer son vaste
empire ? L'étendue du Groënland au nord a échappé

aux recherches persévérantes des missionnaires danois. Un navigateur russe assure que les glaces qui unissent les deux continents y restent perpétuellement, ou que du moins leur disparition momentanée est un cas extraordinaire, qui ne se présente qu'une ou deux fois chaque siècle. Cette fixité des glaces, l'absence du flux et du reflux au nord de la Sibérie orientale, la faiblesse et la variation des vents, l'arrivée en Sibérie de troupeaux d'ours et de renards bien nourris qui traversent les glaces du Nord, tout nous fait supposer que le continent d'Amérique s'étend très-loin au nord, et qu'il forme sous le pôle même une troisième grande péninsule. Peut-être même la réunion du Groënland avec l'Amérique a-t-elle lieu du côté du nord-ouest; tandis que les côtes vues par Baffin ne seraient en partie qu'un archipel qui laisse derrière lui une méditerranée, une répétition du golfe du Mexique. Toutes ces suppositions sont plausibles, même depuis les voyages polaires de l'intrépide Parry.

Tous les navigateurs, depuis Baffin jusqu'à Parry, ont été arrêtés par des terres ou des glaces, dans leurs tentatives de tourner l'Amérique par le nord. Après avoir été pris par les glaces durant neuf mois, Nordenskiold,

Suédois désormais célèbre, a tourné tout le nord de l'ancien continent. Mais si les glaces ne fondent dans ces parages qu'une ou deux fois tous les cent ans, il sera curieux de refaire souvent cette expédition pour déterminer le parti qu'on peut tirer de cette nouvelle voie de communications boréales. Il est certain que les détroits qu'on peut y découvrir encore ne serviront jamais à la navigation ordinaire, à moins qu'on ne puisse préciser les époques où les glaces formidables des côtes se mettent en mouvement pour ouvrir la voie. Mais ces glaces mobiles présentent de terribles dangers. Leur choc produit un craquement épouvantable, qui annonce au navigateur avec quelle facilité son vaisseau serait brisé, s'il se trouvait entre deux de ces îles flottantes. Les brouillards qui enveloppent les glaces fondantes sont si épais, que, d'une extrémité d'une frégate, on n'en aperçoit pas l'autre. Ajoutez encore la flamme et la fumée qui s'élèvent du sein de cet hiver éternel par le frottement des troncs d'arbres que transportent ces îles flottantes. Dans toutes les saisons, la glace cassée et accumulée dans les passages et les golfes, arrête également et le piéton qu'elle engloutirait et le vaisseau dont elle paralyse le mouvement. Osera-t-on concevoir l'idée d'une partie de traîneau sur cette mer congelée ou sur ces terres glacées? Sans doute, les glaces marines ne présentent pas des plaines continuelles. Au contraire, renversées et accumulées de mille manières, elles offrent souvent l'aspect de châteaux de cristal en ruines, de pyramides et d'obélisques brisés, d'arcades et de voûtes suspendues en l'air; souvent aussi des crevasses larges et profondes exigeraient pour être franchies des ponts suspendus et des moyens qu'il serait peut-être difficile de se procurer. Mais rien n'arrêtera le génie de l'homme que la Providence destinera à nous révéler les secrets de ces régions encore inconnues.

Les capitaines James et Fox, qui dans le xviie siècle pénétrèrent dans le bras de mer qui sépare les îles James et Cumberland de celle de Southampton, virent leurs efforts échouer contre les glaces immobiles qui obstruaient ce canal. L'effrayante peinture des souffrances auxquelles le froid et la disette de vivres exposèrent ces navigateurs n'a pas détourné les capitaines Parry et Ross de la pensée d'une nouvelle tentative. L'accumulation perpétuelle de la glace entre ces îles au 65e degré de latitude, tandis que l'on remonte habituellement le détroit de Davis au 72e parallèle, semble indiquer ici l'embouchure d'une mer intérieure, ou peut-être d'un fleuve servant de débouché à de grands lacs.

Le Groënland, dont le nord est encore inconnu, n'est véritablement qu'un amas de rochers, entremêlés d'immenses blocs de glaces, l'image réunie du chaos et de l'hiver. Le *Pic de glace* s'élève près de l'embouchure d'une rivière et jette un tel éclat, qu'on l'aperçoit distinctement à plus de dix lieues. Des aiguilles hardies et une voûte immense donnent à cet édifice de cristal l'aspect le plus magique. Pendant les courts instants de l'été, l'air, très-pur sur la terre ferme, est dans les îles obscurci par les brouillards. La rareté des pluies, le peu d'abondance des neiges et l'intensité inouïe du froid qu'apporte le vent d'est-nord-est, font soupçonner que les parties les plus orientales du Groënland forment un grand archipel encombré de glaces éternelles que les vents et les courants y amoncelèrent depuis des siècles. Il y a quelques terres labourables, et l'orge pourrait venir dans le sud ; la mousse couvre le nord, et les parties exposées au midi offrent de très-bonnes herbes, des groseilles et autres baies, avec quelques saules et bouleaux. Les choux et les navets sont cultivés près des colonies danoises. Les rivières abondent en saumons, et les harengs fourmillent dans la mer avec les baleines et surtout les phoques-chiens, dont l'indigène fait sa principale nourriture.

A l'ouest du Groënland, nous retrouvons une autre terre de prodiges où les feux de l'abîme percent à travers un sol glacé, où des sources bouillantes lancent leurs jets d'eau parmi les neiges éternelles, où le génie puissant de la liberté, et le génie non moins puissant de la poésie, ont fait briller les forces de l'esprit humain aux derniers confins de l'empire de la vie : c'est l'Islande, dont le ciel étale aussi des prodiges. A travers un air rempli de petites particules glacées, le soleil et la lune paraissent doubles ou prennent des formes extraordinaires; l'aurore boréale se joue en mille reflets de couleurs diverses; partout l'illusion du mirage crée des rivages et des mers imaginaires. Le climat ordinaire serait assez tempéré pour permettre la culture du blé, qui autrefois était suffisante aux besoins d'une population beaucoup plus considérable. Le gouvernement danois se donne beaucoup de peine pour la faire revivre. Mais, lorsque les glaces flottantes viennent à s’arrêter au nord de cette île, les vents froids éteignent toute végétation et la famine semble s’asseoir sur ces montagnes qu’échauffent en vain tous les feux des abîmes souterrains. Dans un siècle on a compté quarante-trois mauvaises années, parmi lesquelles quatorze années de famine. Dans les disettes de fourrage, les vaches mangent de la chair de poisson, pilée avec des os de morues, et les hommes le lichen, ainsi qu’un grand nombre de racines et même plusieurs sortes d’herbes marines.

Il y eut autrefois de grandes forêts, qui abritaient les vallées méridionales. Une mauvaise économie les a dévastées. Mais le bois que la terre refuse aux Islandais leur est ramené par la mer. C’est un des phénomènes les plus étonnants dans la nature que cette immense quantité de gros troncs de pins, sapins et autres arbres qui viennent se jeter sur les côtes septentrionales. Les pâturages, mieux soignés, seraient la vraie richesse de l’île; mais on les abandonne aux soins de la nature. On y trouve cependant six cent mille têtes de bétail et soixante mille chevaux. Le seul quadrupède sauvage de l'île est le *renard d'Islande,* qui fournit de belles pelisses valant de 40 à 50 fr.

Les insulaires sont tellement attachés à leur pays, qu'ils se trouvent malheureux partout ailleurs. Naturellement graves et religieux, ils ne traversent jamais une rivière sans implorer la protection divine. Lorsqu'ils se rassemblent, leur passe-temps favori consiste à lire leurs mémoires historiques ou des poésies. Les Islandais descendent d'une colonie norwégienne qui arriva dans l'île vers l'année 860. Ces Scandinaves emportèrent avec eux leurs monuments historiques, leurs traditions, leur théogonie, leur poétique, et tout ce qui caractérisait les mœurs de la mère-patrie. Relégués vers le pôle, ils conservaient leurs antiques croyances; ils chantaient encore les victoires d'Odin, lorsque la Gothie et le Jutland avaient oublié les traditions de leurs ancêtres pour embrasser le christianisme. Aussi est-ce aux Islandais que nous devons ce que l'on sait sur les *runes,* caractères employés par les Goths et les Francs, et sur leur système de versification. L'Islande a produit plusieurs écrivains célèbres, tels que Jonas Arngrim, Sœmund, et autres, dont les œuvres ont jeté un grand jour sur l'histoire des peuples du Nord et sur la religion des Scandinaves.

Au nord-est de l'Islande s'étendent des côtes mal connues et aperçues accidentellement par des navigateurs qui, à la poursuite de la baleine, s'étaient avancés dans ces mers dangereuses. Dans la même direction, l'île de *Jean-Mayen*, qui n'est fréquentée que par les navires baleiniers, offre un sol volcanique et une âpreté de climat qui ne laisse croître que de chétives plantes. Les îles de Spitzberg terminent, dans l'état actuel de nos connaissances, cette chaîne de terres glaciales qui font suite au Groënland.

Les montagnes du Spitzberg, couronnées de neiges perpétuelles et flanquées de glaciers immenses, jettent de loin un éclat semblable à celui de la pleine lune. Leurs blocs nus de granit rouge resplendissent comme des masses de feu au milieu des cristaux et des saphirs que forme la glace. Le silence solennel qui règne dans cette terre déserte accroit la mystérieuse horreur qu'éprouve le navigateur en y abordant. Cependant la mort de la nature n'est même ici que périodique. Un jour de cinq mois tient lieu d'été; le lever et le coucher du soleil marquent les bornes de la saison vivante. La chaleur longtemps accumulée finit par pénétrer un peu en avant dans la terre glacée, qui donne alors un petit nombre de plantes, comme les renoncules, les joubarbes et jusques aux fleurs de pavot dont Martens couronna son chapeau sur ces tristes rivages. Mais les golfes et les baies se remplissent de fucus et d'algues-marines gigantesques, dont quelques-unes atteignent deux cents pieds de long. C'est dans ces forêts marines que les phoques et les cétacés aiment à rouler leurs corps énormes et à se livrer à leurs jeux. Réunis sur un champ de glace, les chiens-marins sèchent leur poil brunâtre; le morse, en grimpant aux rochers, montre ses énormes défenses, dont l'ivoire est éclatant; la baleine lance des jets d'eau par ses vastes évents et ressemble à un banc flottant sur lequel divers mollusques fixent leur demeure; mais elle est souvent blessée à mort par le narval, dont les défenses sont hori-zontales, et par l'*épée de mer*, qui lui arrache des mor-ceaux de chair et qui cherche surtout à dévorer sa langue.

Au milieu de tous ces colosses vivants de la mer Glaciale, s'avance un quadrupède redoutable, vorace et sanguinaire : c'est l'ours polaire. Tantôt porté sur un îlot de glace et tantôt nageant au sein des flots, il poursuit tout ce qui respire, dévore tout ce qu'il rencontre, et s'assied, en rugissant de joie, sur un trophée d'ossements et de cadavres. Des troupes de renards et des oiseaux de mer viennent encore, pendant quelques moments, peupler ces îles solitaires; mais dès que finit le jour polaire, ces animaux se retirent, à travers des terres inconnues, soit en Amérique, soit en Asie.

Nous ne saurions mieux peindre les mœurs des nations boréales qu'en rapportant, d'après Dalager, une chanson funèbre d'un père groënlandais :

« Malheur à moi, qui vois ta place accoutumée, et qui la trouve vide ! Elles sont donc perdues les peines de ta mère pour sécher tes vêtements ! Hélas! ma joie est tombée en tristesse; elle est tombée dans les cavernes des montagnes. Autrefois, lorsque je revenais le soir, je rentrais content; j'ouvrais mes faibles yeux pour te voir, j'attendais ton retour. Ah ! quand tu partais, tu voguais, tu ramais avec une vigueur qui défiait les jeunes et les vieux. Jamais tu ne revenais de la mer les mains vides, et ton kaïak rapportait toujours sa charge d'eiders ou de phoques. Ta mère allumait le feu, pressait la chaudière, et faisait bouillir la pêche de tes mains. Ta mère étalait ton butin à tous les conviés du voisinage, et j'en prenais aussi ma portion. Tu voyais de loin le pavillon d'écarlate de la chaloupe, et tu criais de joie : Voilà le marchand qui vient. Tu sautais aussitôt à son bord, et ta main s'emparait du gouvernail de sa chaloupe. Tu montrais ta pêche, et ta mère en séparait la graisse. Tu recevais des chemises de lin et des lames de fer pour le prix du fruit de tes harpons et de tes flèches. Mais à présent, hélas ! tout est perdu. Ah ! quand je pense à toi, mes entrailles s'émeuvent au-dedans de moi. Oh ! si je pouvais pleurer comme les autres, du moins je soulagerais ma peine. Eh ! qu'ai-je à souhaiter désormais dans ce monde ? La mort est ce qu'il y a de plus désirable pour moi. Mais si je mourais, qui prendrait soin de ma femme et de mes autres enfants ? Je vivrai donc encore un peu de temps, mais privé de tout ce qui réjouit et console l'homme sur la terre. »

Rien ne manque dans ce petit document, si ce n'est l'espoir consolant de retrouver son fils dans un monde meilleur ; mais il dénote déjà un peuple demi-civilisé, et on s'en convaincra davantage après avoir lu ce que nous dit Mallet sur les annales du Groënland.

Vers le xe siècle, un seigneur norvégien, nommé Torvald, exilé de son pays pour avoir tué en duel un de ses compatriotes, se retira en Islande avec son fils Eric, surnommé le Roux. Torvald étant mort dans cette île, son fils en fut banni bientôt pour le même crime que son père. Ne sachant où se réfugier, il tenta la découverte d'une côte qu'un navigateur norvégien avait aperçue au nord de l'Islande. Il fut assez heureux pour y aborder en 982. Il s'établit dans une petite île et y passa l'hiver. Au printemps, il alla reconnaître la terre ferme, et, l'ayant trouvée couverte d'une agréable verdure, il lui donna le nom de Groënland ou *Terre verte*. Après un séjour de quelques années, il repassa en Islande, où il persuada à plusieurs personnes d'aller s'établir dans le pays qu'il avait découvert. Il leur en parla comme d'une terre abondante en excellents pâturages, en côtes poissonneuses, en pelleteries et en gibier. De retour avec ses Islandais, il s'appliqua à faire fleurir cette colonie encore faible et naissante.

Quelques années après, Leif, fils d'Eric, ayant fait un voyage en Norvége, y fut reçu favorablement par le roi, à qui il peignit le Groënland des couleurs les plus avantageuses. Le monarque venait de se faire chrétien et était animé du zèle le plus ardent. Il retint Leif à sa cour pendant l'hiver, et fit si bien, qu'il lui persuada de se faire baptiser. Au printemps, il le renvoya au Groënland, accompagné d'un prêtre qui devait l'affermir dans sa foi et tâcher de la répandre parmi la nouvelle nation. Eric fut d'abord très-offensé de la conversion de son fils; mais il finit par s'apaiser, et le missionnaire ne tarda pas à l'amener avec toute la colonie à la connaissance du vrai Dieu. Avant la fin du x° siècle, il y eut déjà des églises en Groënland ; on érigea même un évêché dans la principale ville. Cette colonie subsista jusque vers l'an 1348, époque d'une maladie contagieuse, connue sous le nom de *mort noire*, qui fit de grands ravages dans tout le Nord.

Depuis ce temps, la colonie norvégienne sur la côte orientale fut si fort oubliée ou négligée, qu'on en ignore absolument le sort actuel. Tous les efforts qu'on a faits pour la retrouver n'ont abouti qu'à la découverte des côtes occidentales, où les Danois ont établi d'autres colonies. Ceux-ci rencontrèrent dans la partie occidentale du Groënland un peuple sauvage qui devait tirer son

origine des Américains, car c'était absolument la manière
de vivre, le caractère et l'habillement des peuples situés
au nord de la baie d'Hudson. Ainsi le Groënland aurait
été peuplé par les Américains et par les Européens. Mais
qu'est devenue cette colonie orientale? Peut-être la mer
a-t-elle submergé tout à coup ces édifices et ces plantations; ou bien, détournant vers cette côte le cours des
glaces qui passent entre le Spitzberg et le Groënland, aura-
t-elle rendu ce pays inabordable par l'Orient. Dans tous
les cas, le Groënland fut oublié pendant plusieurs siècles.
Enfin, en 1722, Jean Egède, prêtre norvégien, entreprit
d'aller instruire et convertir les Groënlandais. Depuis,
les Frères Moraves réussirent mieux à y répandre l'ins-
truction religieuse. Mais cet enseignement hérétique n'a
guère produit de bons fruits, et les Groënlandais sont
encore en majorité fidèles à leurs jongleurs. Cependant
il en est resté quelque chose quant à l'élévation des sentiments, qui n'a jamais pu aller jusqu'au paradis chrétien.

XIV.

EXCURSION AU GRAND OCÉAN.

Aspect général des îles parsemées dans le grand Océan. — L'arbre à pain. — Les Battas et les Lampongs de Sumatra. — Les Javanais. — Le pays des Tidouns et autres tribus de Bornéo. — Mœurs et religion des îles Philippines. — L'archipel de Soulou et ses indigènes. — L'île Célèbes et les Macassars. — Les Moluques et les épices. — Gilolo, Bourou et Céram. — Les Alforèses : barbarie et civilisation. — L'île d'Amboine et groupe de Banda. — Mer de lait. — Nègres de l'Australie. — La Tasmanie. — Nouvelle-Calédonie et Canaques. — L'archipel de Santa-Cruz et la Nouvelle-Guinée. — Iles Carolines et mœurs des indigènes. — Mort de Cook aux îles Sandwich.

Des sombres régions du pôle boréal, nous voguons à toute vapeur vers un autre monde, ou plutôt les superbes débris d'un monde écroulé, qui nous attendent au milieu de ce grand Océan, entre l'Afrique, l'Asie et l'Amérique. Au sein des flots, sur une ligne de trois mille lieues, s'étend un labyrinthe d'îles, un immense archipel, au milieu duquel nous distinguons une vingtaine de grandes terres, dont la principale, espèce de bloc détaché de l'Asie, semble presque égaler l'Europe en étendue. Ce fut ici que l'on chercha longtemps les *Terres australes* qu'on croyait nécessaires à l'équilibre des autres continents ; et lorsque des voyages multipliés eurent dissipé cette illusion, ce fut encore ici qu'on trouva une *cinquième partie du monde*, où l'imagination trouve tant de sujets d'émotions.

Des peuples encore novices ; des trésors encore cachés aux regards de la science ; des bas-fonds qui deviennent des îles et bientôt des jardins parfumés ; un superbe volcan à côté d'une brillante végétation ; de sombres forêts de pins dans la solitude et au-dessus des flots ; un amphithéâtre de verdure au sein d'une onde enchantée ; des bosquets touffus mêlant leur feuillage sombre au clair émail des prairies ; un printemps et un automne éternels qui nous présentent les fruits à côté des fleurs ; un doux parfum qui embaume l'air rafraîchi par la brise de la mer ; des cabanes riantes à l'ombre des cocotiers : telles sont les terres peu connues que nous allons parcourir. C'est là que les hommes, s'ils pouvaient se dépouiller de leurs vices, mèneraient une vie exempte de troubles et de besoins ; le pain croît sur ces mêmes arbres qui ombragent leurs gazons et protégent leurs danses ; mille ruisseaux fournissent une eau pure, et la mer ses richesses inépuisables.

L'Océanie offre à l'homme industrieux, sain et tempérant, une plus grande variété de climats délicieux qu'aucune autre partie du monde. Les îles hautes et de peu d'étendue paraissent autant de paradis nouveaux. En changeant de niveau, l'Anglais y retrouverait ses frais gazons, ses arbres couverts de mousses ; l'Italien et l'Espagnol, leurs bosquets d'orangers ; le colon des Indes occidentales, ses plantations de cannes à sucre. Le peu d'étendue de ces terres leur procure un climat semblable à celui de la mer. Jamais la chaleur n'y devient insupportable, même pour des Européens septentrionaux. L'air est sans cesse renouvelé par les petites brises de mer et de terre, qui se partagent l'empire des jours et des nuits. Ce printemps perpétuel n'est que rarement troublé par les ouragans et les tremblements de terre.

Le règne végétal de l'Océanie reproduit toutes les

richesses de l'Inde, mais avec un nouvel éclat, et à côté d'autres richesses inconnues à l'Asie. Les deux espèces de jaquiers ou d'arbres à pain croissent dans ces îles. Les fruits de cet arbre, gros comme la tête d'un enfant, ont une saveur qui rappelle à la fois le pain de froment, la pomme de terre et le topinambour. Pendant huit mois, cet arbre, qui atteint quarante pieds de haut, prodigue ses fruits avec une telle largesse, que trois suffisent pour nourrir un homme pendant un an. Et ce n'est pas son seul mérite, puisque son écorce intérieure sert à fabriquer des étoffes; son bois, à la construction des cabanes et des pirogues. On emploie même ses feuilles en guise de nappes, et l'on fait avec sa séve du bon ciment et de la glu. Ailleurs, c'est le tamarinier dont la pulpe acide éteint les ardeurs de la fièvre, ou l'immense palmier dont les branches en éventail servent de toit aux cabanes des indigènes. On trouve même beaucoup de racines qui servent d'aliment; sans compter des graines d'un rouge de corail, qui servent d'ornement aux peuplades sauvages.

La nature semble avoir prodigué aux habitants de l'Océanie les moyens de subsistance; mais aussi c'est à l'abondance des végétaux nourriciers qui croissent sans culture qu'ils doivent peut-être les mœurs sauvages qu'ils ont conservées, malgré les fréquents rapports que la plupart ont depuis des siècles avec des Européens. C'est le besoin qui rend l'homme industrieux. Cependant les naturels d'un grand nombre d'îles accroissent par la culture la richesse naturelle du sol, mais ils sont loin de pouvoir apprécier les richesses végétales qu'ils possèdent.

Comme dans nos précédentes excursions, nous nous attacherons ici à l'étude des peuples sauvages et des pays qu'ils habitent. Mais avant tout distinguons les races : les Malais et les Polynésiens appartiennent à la race jaune ; les Papous et les Endamènes à la race noire. Les danses, dans plusieurs îles, ont une ressemblance frappante, ainsi que le cérémonial, dans plusieurs circonstances solennelles. Leur salut est singulier : ils vous prennent le pied ou la main et s'en frottent doucement tout le visage. L'attouchement par le nez est également en usage depuis les îles Sandwich jusque dans la Nouvelle-Zélande. Il y a aussi ressemblance dans les opinions sur la vie future. Ils sont persuadés en général de l'immortalité de l'âme et reconnaissent même un paradis et un enfer ; mais ce n'est point, selon eux, la vertu ni le crime qui y conduisent ; celui qui va en enfer, c'est l'homme qui a été mangé par l'ennemi. Des rapports si frappants ne peuvent être l'effet du hasard ; lorsqu'on les ajoute à l'affinité dans l'idiome des diverses peuplades, on paraît autorisé à conclure que les habitants de toutes ces îles ont tiré leurs usages et leurs opinions d'une source commune, et qu'on peut les regarder comme des tribus dispersées d'une même nation, et qu'ils se sont séparés à une époque où les idées politiques et religieuses de cette nation étaient fixes ; ces insulaires ont eu des connaissances dont ils conservent des notions imparfaites, sans les entendre, comme d'autres les ont oubliées à peu près complètement. Au reste, dans les détails qui vont suivre, ou verra les divergences qui se produisent dans les diverses peuplades.

Dans le nord de l'île Sumatra et sur les confins du territoire hollandais, les Battas occupent un pays couvert d'impénétrables forêts sur une longueur d'environ cinquante lieues et d'une largeur de quarante. On y trouve de l'or de lavage, et l'on y récolte du camphre et du benjoin. Ils admettent trois grands dieux : l'un règne dans les cieux, l'autre est dominateur de l'air et le troisième roi de la terre. Un géant portait le globe ; et un jour, fatigué de son fardeau, il secoua la tête : les continents s'écroulèrent ; l'Océan était sans rivage, et le maître du ciel y jeta une montagne qui devint le noyau des nouvelles terres.

Les Battas, au nombre de deux millions, offrent le mélange le plus singulier de mœurs civilisées et de coutumes féroces. Presque tous savent lire et écrire ; ils s'acquittent avec zèle des devoirs de l'hospitalité, et leur gouvernement est une espèce de confédération régulière dont le principal chef réside à l'extrémité du grand lac de Toba. Ils font de la poudre, utilisent les armes à feu, emploient l'or, l'étain et le fer, à fabriquer des ustensiles et de grossiers ornements. Ils font même des étoffes de coton, et leurs livres sacrés sont écris de gauche à droite sur du papier fait avec l'écorce d'un arbre. Mais ils mangent les criminels et les prisonniers de guerre ; et ce qu'il y a de plus extraordinaire, c'est que les cas de cette anthropophagie sont déterminés par la loi. A l'intérieur de l'île vivent des nègres pygmées, dont la tête

est très-grosse et les membres relativement très-petits.
Dans la partie méridionale, où les rivières débordent
tous les ans en formant pour ainsi dire une île de chaque
village, on remarque les Lampongs, qui ressemblent
beaucoup aux Chinois et qui traitent les étrangers avec
cérémonie. Quelques-uns témoignent la plus grande vénération pour leurs ancêtres ; d'autres croient que les
âmes des morts passent dans le corps des tigres, et ils
ont pour cet animal un respect sans bornes, qui va
jusqu'à s'abstenir de le tuer, même lorsqu'il s'agit de se
défendre de ses attaques.

Jadis siége d'un florissant empire indigène, centre
d'une puissance commerciale qui dominait sur toutes
les mers de l'Orient, l'île de Java domine par sa position
les principales entrées des mers qui baignent l'Asie
orientale. Elle compte quarante-six volcans et cinquante
rivières, dont cinq ou six navigables à quelque distance
de leur embouchure. Ses montagnes, couvertes d'une
riche végétation et enrichies de diverses cultures, offrent
le coup d'œil le plus agréable. Tantôt on erre dans de
vastes plaines couvertes de riz, de coton, de café, de
végétaux de toute espèce, même européens; tantôt monté

sur les collines, on voit les ruisseaux former de petites cascades à l'ombre d'épaisses forêts. L'air pur et frais y est embaumé par mille fleurs odorantes, et des grottes naturelles présentent la fraîcheur la plus délicieuse. La vue plane dans le lointain sur la mer, les rochers et les volcans, dont la fumée nuance l'azur d'un ciel tranquille. Les antiques constructions qu'on retrouve dans l'île indiquent une civilisation assez avancée et une connaissance très-remarquable de l'art. Il est probable que toutes les antiquités de Java ont été détruites à l'époque de l'introduction du mahométisme chez les Javanais.

Quant aux Javanais, au teint pâle, ils sont fidèles à leurs engagements, crédules comme tous les peuples ignorants, amateurs du merveilleux, indolents par caractère, et patients dans l'adversité. Attachés à leurs enfants, ils préfèrent une vie pauvre et tranquille à des richesses qu'ils ue sauraient garder. Ils sont hospitaliers, et le vol eśt rare chez eux. En dehors de quelques petites industries, ils se contentent de cultiver leurs champs. Le reste du temps se passe à fumer l'opium et à mâcher le *siri*, ou bien à goûter les utiles plaisirs de la pêche. Leur manière de vivre est aussi frugale que leur habillement

est simple; le riz et les ignames, assaisonnés de piment,
forment la base de leur nourriture. Ils construisent leurs
maisons en bambou et les couvrent avec des feuilles de
palmier. Les habitants des montagnes s'abstiennent
encore de toute nourriture animale et croient à la transmigration de l'âme. Une tradition conservée parmi eux
assure que l'île de Sumatra et l'île de Java furent séparées
par un tremblement de terre vers l'an 1000 de notre ère.

Quoique située sous la ligne équinoxiale, l'île de
Bornéo n'éprouve point des chaleurs insupportables. Les
brisés de la mer, celles des montagnes, et depuis
novembre jusqu'en mai, des pluies continuelles y rafraî-
chissent l'atmosphère. La côte septentrionale est la plus
riche et la plus salubre. On y trouve le styrax, semblable
au sapin, qui donne la résine de benjoin et des graines
odoriférantes; le kouming, dont la pulpe fournit une
huile estimée; le riz, le bétel, et toutes sortes d'arbres
fruitiers des Indes, sans compter des forêts d'une hauteur
gigantesque; le camphrier, qui y croît dans toute sa
perfection. Le camphre de Bornéo vaut 12,000 fr. le
quintal, tandis que celui de Sumatra ne coûte que 8,000 fr.,
et celui du Japon un prix beaucoup plus bas.

A l'orient de Varouni, capitale de Bornéo, et véritable Venise de la Malaisie, s'étend le pays des Tidouns, qui se font redouter par leurs pirateries. Naturellement cruels, fourbes et emportés, ils se nourrissent, après le combat, de la chair des ennemis. Les Malais des côtes, qui s'appellent eux-mêmes *Dayaks* au sud et à l'ouest, et *Eidahaus* au nord, sont d'une constitution robuste et d'un caractère naturellement doux, simple et paisible ; mais leur justice ne s'exerce point envers les étrangers, et ils suspendent à l'entrée de leurs huttes les crânes de leurs ennemis. D'un extérieur agréable, leurs belles dispositions morales sont effacées par leurs préjugés barbares. Les *Alforèses*, peuplade de l'intérieur, ne paraissent guère différer des Eidahaus que par un teint plus bronzé et par l'extrême longueur des oreilles. Comme les Dayaks, ils cultivent peu la terre et vivent de la chasse ou de la pêche. Ils estiment beaucoup la chair du chien, du buffle, et les pieds de chameau ; ils mangent les gazelles, les per-roquets, les serpents, les crocodiles, les tortues, une espèce de chauve-souris, les singes et le jeune requin. On y trouve des artisans qui font des cordages, de la poterie et des outils en fer ; tandis que les femmes fabriquent des étoffes de soie et de coton. La plupart font grand cas de l'or et des diamants; mais d'autres ne les exploitent que pour les vendre aux étrangers et en obtenir des marchandises.

Au nord de Bornéo, nous apercevons le grand archipel des îles Philippines, découvertes par Magellan en 1521, et dont les montagnes, qui se perdent dans les nues, sont remplies de volcans, de mines d'or et d'argent, de cuivre et de plomb, avec de beaux gisements de marbre, de talc et de salpêtre. Les tremblements de terre y causent les ravages les plus épouvantables, et les pluies les plus violentes inondent souvent ces îles, dont les saisons offrent la même variété que sur les côtes de Coromandel et de Malabar, de sorte que, quand le temps est sec dans un canton, on a de la pluie dans l'autre. Les vallées et les montagnes jouissent presque toute l'année d'une verdure et d'une fraicheur perpétuelles. Les arbres n'y sont jamais privés de feuilles; les campagnes sont presque toujours émaillées de fleurs, et souvent le même arbre porte en même temps des fleurs et des fruits. Les forêts sont peuplées d'abeilles qui donnent beaucoup de miel et de cire. Les vers à soie y viennent naturellement, et on en fait dix récoltes chaque année.

La tradition rapporte que des peuples noirs étaient anciennement les possesseurs de toutes ces îles, et surtout de Luçon. Lorsque les nations voisines et les étrangers y passèrent pour s'en emparer, ces noirs s'enfuirent et se retirèrent dans les montagnes qu'ils habitent encore. Ils vivent de la chasse, de la pêche, de racines et de fruits sauvages; ils n'ont d'autres armes que l'arc et la flèche, qu'ils manient avec beaucoup d'adresse; leurs cabanes, placées à l'ombre des palmiers, les garantissent à peine de la pluie; quelques couteaux sont leurs seuls ustensiles. Ils ensemencent un peu de blé, de riz et de tabac, pour lequel ils ont une passion prononcée. Ils ont pendant longtemps été en guerre contre les Malais, qui, les ayant chassés des plaines, les poursuivaient jusque dans leur retraite, et prétendaient avoir le droit de couper du bois dans les forêts qui leur servaient d'asile. Leur valeur les fit longtemps résister, et les Malais ne prirent du bois qu'en leur laissant du tabac en échange; mais aujourd'hui, devenus moins nombreux ou plus timides, ils vivent dans les forêts en fuyant toujours devant la civilisation qui les environne et les serre de toutes parts.

Depuis quelque temps le gouvernement de Manille

entretient chez eux des missionnaires catholiques, mais toutes ces tentatives de civilisation sont encore sans résultat. Ceux qui ont trouvé quelque avantage temporel dans la religion qu'on leur prêchait l'ont embrassée, et se sont fait baptiser; mais ces intérêts n'ont pas plus tôt cessé, que les nouveaux convertis se sont retirés dans leurs montagnes pour suivre leurs superstitions. Leur religion paraît avoir été imaginée par la crainte et la servilité. Ils offrent des sacrifices à une foule de génies malfaisants qui causent, disent-ils, tous les maux dont ils sont accablés. On y retrouve des indices du dogme de l'immortalité de l'âme. Quand quelqu'un meurt, on s'empresse de l'ensevelir en faisant un grand nombre de cérémonies, auxquelles ils l'invitent à prendre part, en laissant pour lui une place vide. Ils croient que les morts éprouvent des besoins; aussi ont-ils soin de mettre dans le tombeau des armes et des vivres pour plusieurs jours. D'après leur croyance, les morts ne tardent pas à visiter les maisons qu'ils habitaient; les proches parents mettent tout en ordre, afin de recevoir cette visite; et pour reconnaître si elle a eu lieu, ils couvrent leur foyer de cendres. S'ils remarquent quelque léger dérangement, ils se plongent dans l'affliction, parce que, disent-ils, la mort ne tardera pas à frapper un autre membre de la famille. Pour apaiser les mânes du défunt, ils gardent quelque temps le deuil et immolent le premier voyageur qu'ils rencontrent. Espérons que la civilisation chrétienne qui a pénétré dans ces îles fera peu à peu la conquête de ces deux millions de sauvages.

Le gouvernement ecclésiastique y est composé d'un archevêque et de trois suffragants. Le peuple leur donne le nom de pères, et a pour eux le respect le plus grand et la vénération la plus profonde. Leurs avis sont des oracles ; leurs paroles, des lois auxquelles on ne cherche point à se soustraire. Ils s'attirent la considération par leur science, leur sagesse, leur humanité et leurs vertus. L'ordre inférieur est celui des clercs, qui sont en partie Espagnols et en partie Indiens ; et ces derniers servent d'intermédiaire pour jeter les premières lueurs dans les cerveaux ténébreux de leurs pauvres compatriotes.

Mindanao, la seconde île des Philippines, après Luçon, ouvre à chaque pas un ruisseau ou une fontaine, et on y connaît plus de vingt rivières navigables et abondantes en poissons. La cannelle y est fort commune, mais ne vaut pas celle de Ceylan. Lorsque les habitants ne sont pas en guerre entre eux, ils exercent volontiers la piraterie, et leurs bâtiments portent du petit canon et quatre-vingts hommes d'équipage.

Au sud-ouest de Mindanao s'étend, sur une longueur de cent lieues, l'archipel de Soulou, qui comprend cent soixante-deux iles, peuplées de deux cent mille habitants. Presque toutes ces iles sont montagneuses, couvertes de bois, et traversées par de nombreux ruisseaux. La chaleur est plus tempérée dans l'intérieur que sur les côtes; des brises continuelles de terre et de mer y entretiennent une agréable fraîcheur. Le sol est fertile, et les Chinois y ont apporté le secret d'améliorer les fruits par la greffe. On y trouve beaucoup d'oranges et de mangues très-belles, ainsi qu'une espèce de laurier, le seul arbre à épices; les forêts y sont peuplées de sangliers, d'éléphants sauvages, de cerfs et de perroquets.

Les habitants, issus en grande partie des Tidouns et des Biadjous de Bornéo, sont belliqueux, perfides et adonnés à la piraterie. Ils suivent la religion de Mahomet, mais avec la plus grande indifférence. Leur culte se borne à quelques vaines cérémonies qu'ils font dans les mosquées dénuées de toutes sortes d'ornements. Le groupe de Soulou n'a guère de remarquable que l'île principale. Quoique petite, elle a une importance capitale par l'ambre gris que la mer y rejette, par la beauté de ses fruits et de ses forêts, qui sont peuplées d'éléphants et de petits cerfs. Ajoutez à cela que l'île s'enrichit encore par la pêche des perles qui se fait à la fin des moussons d'ouest, époque où la mer est si tranquille, que la vue y perce jusqu'à une profondeur de quarante ou cinquante pieds.

A l'ouest de Bornéo, et de l'autre côté du détroit de Macassar, l'île Célèbes, qui renferme plusieurs volcans, jouit d'un climat tempéré, grâce à ses nombreux golfes et aux vents moussons qui y règnent toute l'année. La vue des côtes élevées, coupées et verdoyantes, offre des tableaux enchanteurs; tandis que de. nombreuses rivières, se précipitant aux pieds d'immenses rocs, viennent tomber avec fracas au milieu des groupes majestueux des arbres les plus pittoresques. On ne voit dans les forêts ni tigres, ni éléphants, mais beaucoup de cerfs, de sangliers, et un nombre infini de singes très-forts et très-méchants.

Une éducation austère rend les habitants agiles, industrieux et robustes. A toutes les heures du jour, les mères frottent leurs enfants avec de l'huile ou de l'eau : ces onctions répétées aident la nature dans ses développements. A l'âge de cinq ou six ans, les garçons de condition sont mis comme eu dépôt chez un ami, de peur que leur courage ne soit amolli par les caresses des parents et par l'habitude d'une tendresse réciproque. Les Bonys et les Macassars sont les plus braves de toute l'île. Leur premier choc est furieux ; mais une résistance de deux heures fait succéder un abattement total à une si étrange impétuosité. Sans doute qu'alors l'ivresse de l'opium se dissipe, après avoir épuise leurs forces par des transports frénétiques. Ces peuples n'ont ni temples, ni idoles ; leurs devins prophétisent sur le vol des oiseaux ou l'aspect des entrailles des victimes. Quelquefois, ils plongent leur tête dans le ventre fumant de l'animal qu'ils ont égorgé, et rendent ensuite leur prophétie le visage tout barbouillé de sang. Dans l'intérieur, les Alfourous vivent dans les montagnes et sont remarquables par la blancheur de leur peau et la coupe arrondie de leur visage. Tout ce qu'on sait de leur religion, c'est qu'ils n'ont point de culte extérieur, et que leur croyance est toute spirituelle.

Au nord-est de Célèbes, l'archipel des Moluques porte les caractères les plus évidents d'une terre bouleversée par quelque révolution violente; partout on y voit des pics énormes qui s'élancent tout à coup d'une mer profonde, des rochers entassés à des hauteurs immenses, et un grand nombre de volcans. La chaleur, l'humidité excessive, suivie de longues sécheresses, et la nature du terrain, y interdisent la culture de tous les grains. La moelle du sagou y sert de pain aux naturels de l'île; mais ce n'est que les arbres à épices qui ont pu attirer ici l'avidité des Européens. Le giroflier y croît à la hauteur de quarante à cinquante pieds, et étend au loin ses branches garnies de longues feuilles pointues, comme celles du laurier. Ce sont les boutons à fleurs qui constituent l'épice connue sous le nom de *clou de girofle*. Le muscadier est de la grandeur du poivrier; de dix à cent ans, il donne des fruits de la grosseur d'un abricot, connus sous le nom de muscade.

Les indigènes des Moluques ignoraient le prix de ces richesses végétales, qui ont rendu leur pays si célèbre et si malheureux. Les Chinois, ayant abordé par hasard aux Moluques, dans le moyen-âge, y découvrirent le girofle et la muscade. Le goût en fut bientôt répandu aux Indes, d'où il passa en Perse et en Europe. Les Arabes, qui tenaient alors dans leurs mains tout le commerce de l'univers, n'en négligèrent pas une si riche portion. Ils se rejetèrent en foule vers ces îles, et ils s'en étaient approprié les productions, lorsque les Portugais vinrent leur arracher cette branche de leur industrie. Les Hollandais, ayant chassé ces derniers, prirent le parti de détruire les arbres d'épicerie dans toutes ces îles, en ne les laissant subsister que sur quelques-unes, petites et faciles à garder. Par ce règlement, tandis que la cannelle ne se récoltait qu'à Ceylan, le girofle à Amboine et aux îlots voisins, les îles Banda étaient les seules consacrées à la culture de la muscade, sans qu'il fût permis d'avoir du girofle à Banda, ni de la muscade à Amboine ; mais depuis un tremblement de terre qui a endommagé les plantations de Banda, la Compagnie permet à Amboine de cultiver le muscadier.

Gilolo, la plus grande des Moluques, aux pics très-élevés, abonde en buffles, daims et sangliers, en arbres à pain, et on y trouverait probablement des girofliers et des muscadiers, malgré les soins des Hollandais à les extirper. Au sud-est s'élèvent plusieurs petites îles peu connues, et un canal étroit sépare de sa partie septentrionale la belle île de Mortay, qui est peu habitée, quoique couverte d'arbres de sagou, que les habitants de Gilolo viennent couper.

L'île de Bourou, qu'on aperçoit à une distance de vingt lieues, s'élève tout à coup et semble comme entourée d'une muraille. Dans l'intérieur, les Alforèses, sauvages doux et timides, habitent autour d'un lac de figure ronde, au milieu duquel paraît et disparaît un îlot. L'air y est humide; la mousse y étouffe les arbres et forme comme de petits hôtels de verdure autour des fontaines.

L'île de Céram, la plus grande des Moluques après Gilolo, produit encore des clous de girofle. Mais il est certain que de grandes forêts de sagou y forment un objet considérable d'exportation. Les arbres, penchés par-dessus des ravins semblables à des abîmes où mugissent des torrents impétueux, forment des ponts sans lesquels souvent un canton entier serait inaccessible. D'autre

part, les villages sont situés sur des terrasses où l'on
grimpe par de longs escaliers. Les casoars fourmillent
dans les profondes forêts de l'île. Parmi les habitants,
les Alforèses méritent le plus d'attention. Ils ont la vue
singulièrement perçante et prennent le cochon sauvage à
la course. Les rats et les serpents font partie de leur
nourriture. Un de leurs rois donna une fête bien singulière à un prédicateur hollandais. Après l'avoir reçu
avec de grandes démonstrations de joie et lui avoir fait
partager son festin, le prince fait avancer un certain
nombre d'hommes armés, qui, après quelques tours de
danse guerrière, se livrent un combat meurtrier jusqu'à
ce que plusieurs cadavres gisent par terre. Le ministre
du saint Evangile, tremblant à cette horrible vue, con-
jure le roi de faire cesser le combat. « Ce n'est rien,
répond le prince, ce sont mes esclaves; ce sont quelques
chiens qui meurent. Trop heureux si cette marque d'une
haute considération peut vous prouver mon désir de vous
plaire ! »

Ce trait de barbarie n'offre, au reste, rien de plus
surprenant que le spectacle des gladiateurs romains, les
courses modernes au taureau et autres amusements des

peuples soi-disant civilisés. Tout bien considéré, et dans beaucoup de circonstances, nous ne valons guère mieux que les sauvages, qui n'ont pas comme nous les lumières de l'Evangile et des raisons concluantes de pratiquer la charité. Et pour le dire en passant, puisque la foi s'en va, nous risquons fort, en Europe, de retomber dans une barbarie beaucoup plus redoutable que celle des sauvages.

De Céram, nous passons à l'île d'Amboine, où différents ruisseaux arrosent de fertiles campagnes, animées par de nombreux hameaux et embellies par de précieuses cultures. Le giroflier est toujours la principale plante qu'on y cultive. La plupart des endroits marécageux sont employés à la culture du sagoutier, dont on tire du pain, du vin, du sucre et des cordes. Dans les forêts solitaires de cette île, dont le soleil perce difficilement l'épais ombrage, on remarque avec étonnement la vivacité des couleurs de plusieurs espèces de plantes parasites, fixées pour la plupart sur de gros troncs d'arbres. Les indigènes, de même souche que les Malais, ont adopté l'usage de porter des gilets et des culottes. Ils aiment le bain et se frottent le corps d'huiles odorantes. Les femmes se chargent d'un très-grand nombre de bracelets d'or,

ornés de cristaux et taillés dans des formes singulièrement variées. A la couleur près, leurs charmes per-
sonnels, l'élégance de leurs manières et l'éclat de leurs
vêtements flottants, rappellent les anciennes Grecques.
Leurs danses sont animées par des chants qui retracent
quelquefois les événements historiques de leur pays. Mais
beaucoup d'usages anciens ont été abolis par le rigorisme
des calvinistes et la bigoterie des ministres hollandais.

Au sud-est d'Amboine s'élève isolément le petit groupe
volcanique de Banda, où l'on cultive le muscadier. Cette
colonie est la seule où les Européens aient exclusivement
la propriété des terres. Là, les civilisés ont exterminé
les sauvages, pour ne pas perdre leur temps à les soumettre et à les améliorer. Encore une horreur de la sagesse
des nations.

Ne quittons pas les Moluques sans signaler un phénomène singulier à cette mer. C'est l'arrivée périodique
d'un courant d'eau blanche comme du lait, et qui vient
régulièrement aux mois de juin, d'août et de septembre,
couvrir la surface du bassin des îles de Banda. Cette eau
répand la nuit une clarté qui la fait confondre avec l'horizon ; elle est dangereuse pour les vaisseaux, car la mer

semble bouillonner et éprouver une agitation intérieure partout où elle passe; les poissons disparaissent tant que dure ce phénomène, resté jusqu'ici inexplicable.

Des petites îles embaumées d'aromates, nous passons à cette île immense de mille lieues de longueur, qu'on a appelée *Australie* et dont la surface égale presque celle de l'Europe entière. Par une conséquence de sa position au midi de l'équateur, l'Australie a des saisons qui répondent à celles de la partie méridionale de l'Afrique et de l'Amérique; elles sont l'inverse de celles de l'Europe. L'été correspond à notre hiver, et le printemps à notre automne.

Malgré quelques variations de température, le climat est très-salubre et favorable à la multiplication de l'espèce humaine; plusieurs de ceux qui arrivent dans la colonie anglaise avec une santé délabrée recouvrent bientôt leurs forces et parviennent à une extrême vieillesse. Mais la nature a refusé à cette contrée les plantes alimentaires : des racines d'arum ou de fougère, le palmier sagoyer et le chou-palmiste sont les principaux végétaux qui fournissent à l'homme sa première nourriture. Cependant les pêchers, le maïs et l'orge y ont réussi, ainsi que la vigne, que le vent brûlant de l'intérieur est venu détruire.

Au sud-ouest de la colonie anglaise, réside un peuple sauvage, de tous les peuples de la terre le moins civilisé. Ces tribus, qui n'ont point de communications entre elles, montrent une complète ignorance, une grande misère et une sorte d'abrutissement moral; en vain a-t-on essayé de les amener à des idées de civilisation en leur bâtissant des maisons et en leur fournissant des vivres plus abondants et plus sains; ils se sont jusqu'ici montrés rebelles à toute espèce d'amélioration. La vue des cités européennes n'a excité chez eux aucun désir d'imitation, si ce n'est pourtant un goût désordonné pour les liqueurs fortes. La liberté parait être le besoin qui les domine; ils préfèrent leur indépendance misérable aux douceurs d'une vie paisible, c'est-à-dire qu'ils aiment leur esclavage; car qu'est-ce que la liberté et l'indépendance, quand chaque matin il faut aller, comme un chien errant, chercher sa subsistance? Leur malpropreté dépasse celle des Hottentots, et les os dont ils parent leur nez donnent aux hommes un aspect repoussant. Pour la danse, ils se colorent le visage en blanc, et en noir pour les combats. Quelquefois ils se font des plaies profondes avec des coquilles ; et plus tard ces plaies, en se cicatrisant, figurent sur leur corps des échelons, des coutures, qui sont considérés comme des ornements très-distingués. Au moyen d'une gomme qu'ils trouvent sur les arbres, ils se garnissent les cheveux de morceaux de bois, d'arêtes de poissons, d'os et de plumes d'oiseau, de dents ou de queues de chien : on dirait une mascarade ou un asile d'aliénés. Leur vue est extraordinairement perçante. Quelques-uns sont noirs, tandis que d'autres sont couleur de cuivre.

Ceux qui habitent les côtes ne vivent que de poissons, tandis qu'un petit nombre subsistent, dans les bois, des animaux qu'ils peuvent atteindre, ou grimpent sur les arbres pour manger le miel ou prendre les écureuils volants. Le règne végétal ne leur offre que quelques racines de fougères et quelques bulbes d'orchidées ; aussi éprouvent-ils souvent les effets de famines désastreuses et deviennent-ils comme des squelettes ambulants. Ceux qui habitent le centre de l'Australie, n'ayant pas la ressource des productions maritimes, sont réduits à dévorer des grenouilles, des lézards, des serpents, diverses espèces de larves et de grosses chenilles; les araignées même font partie de leurs repas dégoûtants. (Il est vrai que l'astronome Lalande trouvait à ces dernières un goût de noisette.) Dans d'autres circonstances, ces hordes misérables sont réduites à vivre de certaines herbes et à ronger l'écorce de quelques arbres. Ils n'ont qu'une faible idée d'une existence future, et croient qu'à leur mort ils retournent aux nuages d'où ils sont originairement descendus; idée singulière qui se retrouve chez les Alforèses de l'île de Céram.

Il paraît que les déportés anglais perdent dans cette colonie leurs habitudes coupables (je le souhaite); que les femmes y deviennent plus retenues (c'est à désirer); et que les enfants n'y héritent pas des vices de leur père (tant mieux). Mais les Anglais ne pourraient-ils pas améliorer aussi le sort digne de pitié de tous les sauvages de l'île? Peut-être des efforts constants permettraient d'arriver à des résultats pratiques. Mais qui saura jamais le nombre de malheureux qui se cachent dans l'intérieur de ce continent, dont aucun golfe, aucun fleuve n'a permis de franchir la mystérieuse enceinte? Un immense désert de sable y engloutit les eaux pluviales.

Les vents brûlants semblent favoriser cette opinion.

Mais qui sait si des fleuves sans nom n'apportent pas obscurément leur tribut dans le sein de quelque mer inconnue? Des expéditions ultérieures nous feront connaître plus tard l'intérieur de ce vaste pays, destiné peut-être par la Providence à recevoir le trop-plein des nations éclairées, trop occupées encore de leurs dissensions intérieures.

Un détroit large de trente lieues sépare l'Australie de la Terre de Diémen ou *Tasmanie.* Cette grande île, de cent vingt lieues de long sur quatre-vingt-dix dans sa plus grande largeur, est hérissée de plusieurs chaînes de montagnes, entrecoupées de grandes et riches vallées, où les eaux et l'ombrage entretiennent une agréable verdure. Ses principales productions sont le froment, l'orge, l'avoine, et presque tous les légumes et les fruits de l'Europe. Les habitants de Tasmanie sont beaucoup plus bruns que ceux de l'Austrasie. Leur peau n'est pas d'un noir très-foncé; mais pour corriger ce léger défaut, ils se couvrent de poussière de charbon. Ils se nourrissent de moules, d'huîtres, de homards et de crabes; et ils paraissent tous ignorer l'usage de l'arc.

A l'est de l'Australie, nous trouvons la Nouvelle-Calédonie, qui paraît traversée entièrement par une chaîne de montagnes. On y trouve l'arbre à pain, le bananier, la canne à sucre et l'arum. Le cocotier couvre aussi le flanc de quelques vallées. Une araignée dont les filets sont forts comme de la toile sert de nourriture aux Canaques, qui ont beaucoup de ressemblance avec les habitants de Diémen. Ils ont les cheveux presque laineux et la peau fort grasse. Quelques-uns ont les lèvres épaisses des nègres d'Afrique. Cook vante la douceur de leur caractère; mais il ne faut pas s'y fier, car ils sont anthropophages. Lestes et agiles, ils montent sur les arbres comme s'ils marchaient sur un plan horizontal. Ignorant l'usage de l'arc, ils s'arment de zagaies et de massues, qu'ils fabriquent avec beaucoup de soin, et ils se servent aussi de la fronde. En général, ils se nourrissent de coquillages, de poissons et de racines, outre une espèce d'araignée dont nous avons parlé. Un grand récif borde la Nouvelle-Calédonie à l'ouest sur une longueur de cent lieues. De là jusqu'à l'Australie, la mer est semée de bancs de corail, les uns plus étendus et plus dangereux que les autres. Au sud, l'*île des Pins* nourrit des cyprès de plus de cent pieds de hauteur.

L'archipel de Santa-Cruz, que Mendana découvrit en cherchant à retrouver les îles Salomon, est désormais célèbre par le groupe d'îlots sur les récifs duquel périrent en 1788 les deux vaisseaux de La Pérouse, ainsi que le constata Dumont d'Urville, près des vieillards de la principale de ces îles. Les divers renseignements s'accordèrent sur ce point que, pendant une nuit fort obscure, les deux bâtiments de La Pérouse furent jetés par un coup de vent au milieu des récifs de Vanikoro ; que le premier navire ne tarda pas à être abîmé dans les flots, mais que le second resta longtemps sur la plage ; qu'on construisit avec les débris de celui qui n'avait pas coulé un petit bâtiment, sur lequel ils partirent plus loin, après un travail de six ou sept lunes (mois). Dumont d'Urville, ayant aperçu lui-même beaucoup de débris, acquit la certitude que c'était bien là le lieu du naufrage de La Pérouse ; et il s'empressa d'élever, au milieu d'un récif, à la mémoire de son illustre compatriote, un modeste monument auquel tous les hommes de son équipage se firent un devoir de coopérer.

Nous laissons une foule d'îles peu connues et de peu d'importance, pour visiter en passant la Nouvelle-Guinée ou Papouasie, dont les arbres atteignent jusqu'à quatre-vingt mètres de hauteur; et résidence favorite des superbes et singuliers oiseaux de paradis. La terre est d'une nature si riche, qu'il suffirait de la remuer et d'arracher les mauvaises herbes pour obtenir les plus abondantes récoltes. Mais les Papous sont si paresseux, qu'ils laissent les plantes parasites étouffer les plantes alimentaires. Les habitants en général sont de vrais nègres océaniens, robustes, d'une grande taille et d'un noir luisant. Leurs habitations sont construites dans l'eau, sur un échafaudage, comme celles des Bornéens. Les dogmes religieux des Papous sont très-peu connus; cependant les idoles que l'on trouve sur leurs tombeaux, et les effigies qu'ils portent au cou, prouvent au moins qu'ils ont un culte. Armés d'arcs et de flèches, et même d'épées de cuivre, les habitants des côtes occidentales ont repoussé les détachements hollandais envoyés dans leur pays.

A l'est des Philippines et au nord de la Papouasie, de petites îles, au nombre de cinq cents environ, sont disséminées sur une vaste étendue de mer, formant une longue chaîne qui se divise en plusieurs groupes: ce sont les îles Carolines, jouissant d'un climat fort agréable, quoique exposées à de terribles ouragans. Les indigènes y vivent de noix de coco et du produit incertain de leur pêche. Leurs traditions religieuses attestent qu'une divinité descendue du ciel, ayant trouvé la terre infertile et déserte, ordonna qu'elle se couvrît d'arbres et de verdure, et qu'elle fût peuplée d'êtres raisonnables. Dans le principe les hommes ne mouraient point; mais un esprit malfaisant, chassé du ciel, leur procura un genre de mort contre lequel on n'a point découvert de remède (souvenir de la *Genèse* et peut-être émigration de quelques Hébreux). Ils admettent aussi des esprits bien-veillants et amis de l'humanité. Selon eux, le soleil, la lune et les étoiles ont une âme semblable à la nôtre, et sont habités par les nations célestes. Ils prétendent que l'âme survit au corps, que celle des braves gens se rend au ciel, d'où elle revient le quatrième jour sur la terre vivre au milieu de ses parents. Il y a des prêtresses qui disent quelquefois si une âme est dans le ciel ou dans le lieu des méchants; et alors celles qui sont dans le ciel deviennent des génies protecteurs, à qui on demande une bonne récolte ou une pêche abondante.

A la mort d'un proche parent, on se prive pendant quarante-huit heures de toute espèce de nourriture ; et pendant un mois, on ne mange que des fruits. Pour la perte d'un père ou d'un époux, on ajoute à ces privations celle de pleurer avec ses amis, et l'on reste trois mois dans une solitude complète. Pendant les deux mois qui suivent la mort d'un chef, toutes les barques demeurent attachées au rivage, et personne ne peut aller à la pêche.

Toutes ces îles paraissent d'une grande fertilité, à en juger par l'abondance et l'épaisseur des forêts. Les terrains élevés produisent du santal ; les cocotiers et les arbres à pain y atteignent une taille énorme, et produisent des fruits gros et savoureux. Les plaines et de vastes vallées y sont toujours tapissées de verdure. Toutes les saisons à la fois se disputent cette terre de bonheur, où la feuille qui tombe est immédiatement remplacée par une nouvelle feuille.

Le capitaine Cook nous entraîne ici vers les îles Sandwich, où il fut tué par les sauvages, qui aujourd'hui sont habillés à l'européenne et pleins d'affabilité. Pour raconter cette fin tragique d'un de nos plus grands navigateurs, nous laisserons la parole à un témoin oculaire :

« L'officier qui commandait le détachement chargé de remplir les futailles de la *Découverte* vint me prévenir que plusieurs nègres s'étaient rassemblés près de la plage et qu'ils chassaient les insulaires que nous avions payés pour aider les matelots. Bientôt ils s'armèrent de pierres ; et comme ils devenaient de plus en plus turbulents, je me rendis sur les lieux, suivi d'un soldat de marine armé de son fusil. Quand j'eus parlé à quelqu'un des chefs , la populace qui causait l'émeute s'éloigna, et ceux des naturels qui voulurent nous aider à remplir nos barriques n'essuyèrent plus d'obstacles de la part de leurs compatriotes. Durant notre absence, il était arrivé un accident plus dangereux. Les insulaires avaient pillé notre pinasse chargée, et l'auraient détruite, sans l'intermédiaire de Paria, l'un des leurs, qui était avec nous.

« Cook, informé de ces détails, montra beaucoup de chagrin ; et tandis que nous retournions à bord, il me dit : « Je crains bien que les insulaires ne me forcent à « des mesures violentes ; car il ne faut pas leur laisser

« croire qu'ils ont eu de l'avantage sur nous. » Le lendemain, à la pointe du jour, j'appris que durant la nuit les insulaires avaient volé la chaloupe de la *Découverte*. Lorsqu'on nous avait volé, il était d'usage d'amener à bord le roi ou quelques chefs et de les garder en otage jusqu'à ce qu'on nous eût rendu ce qu'on nous avait pris. Cook alla donc au village avec un lieutenant et neuf soldats de son équipage, et trouva le vieux roi à moitié endormi. Celui-ci, invité à venir aux vaisseaux pour passer la journée à bord, accepta la proposition sans balancer. Nos affaires prenaient cette heureuse tournure, quand une femme et plusieurs insulaires vinrent retenir le roi et le contraignirent à s'asseoir. Des groupes nombreux, effrayés sans doute par nos préparatifs d'hostilité, qu'ils apercevaient dans la baie, commencèrent à se presser autour du capitaine Cook et de leur roi. Cook, voyant que l'alarme était devenue trop générale, et qu'il n'était plus possible d'emmener le roi sans verser du sang, abandonna son projet; et il allait se retirer, quand un accident vint donner à cette affaire la tournure la plus fatale.

« Nos canots, placés en travers de la baie, ayant tiré sur

des pirogues qui essayaient de s'échapper, tuèrent par
malheur un chef du premier rang. La nouvelle de cette
mort mit le village en fermentation, et les hommes s'armèrent de piques et de pierres. L'un d'eux s'approcha
de Cook en brandissant son arme, pour le défier. Celui-ci
ayant tiré un coup de petit plomb, les insulaires ameutés
commencèrent à jeter des pierres aux soldats de la marine,
et ceux-ci répondirent par une décharge de mousqueterie.
Les insulaires soutinrent le feu avec beaucoup de fer-
meté, et, avant que les soldats eussent eu le temps de
recharger, se précipitèrent sur eux en poussant des cris
et des hurlements terribles. Alors commença une scène
d'horreur et de confusion. Notre malheureux capitaine,
la dernière fois qu'on l'aperçut distinctement, était au
bord de la mer et criait aux matelots d'approcher du
rivage et de cesser le feu; car il paraît qu'on avait tiré
sans son ordre. Il est donc probable qu'il voulait prévenir
une nouvelle effusion de sang et qu'il fut victime de son
humanité. On observa en effet que, tant qu'il regarda
les naturels en face, aucun d'eux ne se permit de vio-
lences contre lui; mais que, s'étant retourné pour donner

ses ordres aux canots, il fut poignardé par derrière, et
tomba le visage dans la mer. »

Ainsi périt ce grand homme, après une vie illustrée
par les plus glorieuses expéditions, dont nous allons
suivre une des plus hardies dans le chapitre suivant.

XV.

THÉORIE DES TERRES DU POLE AUSTRAL.

Cook à la recherche des terres australes. — La Nouvelle-Zélande. —
Existence d'un continent austral. — Aspects, habitants et productions. — Mission des explorateurs futurs dans les voyages autour du
monde.

C'est un beau spectacle de voir ce navigateur intrépide,
infatigable, tenter l'approche du pôle austral dans toute
la circonférence du globe, et, après avoir été repoussé
de tous côtés par les glaces, parcourir tous les parages
du grand Océan, revenir plusieurs fois sur ses traces,
afin de reconnaître toutes les terres, sans se lasser des
obstacles, sans croire jamais avoir assez fait. Pour l'ex-

pédition aux terres australes, Cook commandait la *Réso-lution* avec 112 hommes, et Furneaux l'*Aventure* avec 81 hommes. En cas de séparation, les deux vaisseaux avaient fixé des rendez-vous, comme l'île de Madère, le cap de Bonne-Espérance, la Nouvelle-Zélande. Bientôt ils naviguèrent dans la mer Glaciale. Une tempête s'éleva le 29 novembre 1772, et la mer, prodigieusement grosse, faisait entendre le hurlement de la tempête et le mugissement des vagues. Le prodigieux roulis du bâtiment faisait de grands ravages parmi les tasses, les verres, les bouteilles, les plats, et tout ce qui était mobile. Des circonstances plaisantes suivaient quelquefois la confusion générale. Mais le plus sensible de tous les malheurs, ce fut la perte d'une grande partie des animaux d'approvisionnement qu'on avait embarqués au Cap.

Chaque jour, à chaque instant, tout le monde s'attendant à voir la terre, chacun examinait avec curiosité les brouillards que l'on voyait à l'avant du navire. La forme trompeuse de ces brouillards, et celle des îles de glace à moitié cachées dans la neige qui tombait, avaient déjà occasionné plusieurs fausses alarmes. Mais on n'aperçut qu'une immense plaine de glaces, brisée aux bords en plusieurs petites pièces. Un grand nombre d'îles de toutes les formes et de toutes les grandeurs se montraient par derrière, aussi loin que pouvait s'étendre la vue. Quelques-unes des plus éloignées, élevées considérablement par les vapeurs brumeuses qui couvraient l'horizon, ressemblaient en effet à des montagnes. Plusieurs officiers persistèrent à croire qu'ils avaient vu la terre de ce côté.

Bientôt on fut arrêté par une immense plaine de glace, dont on ne voyait pas l'extrémité. Des glaçons pendaient de tous côtés aux voiles et aux agrès. La brume était si épaisse, qu'on ne voyait pas la longueur entière du vaisseau, et qu'on eut de la peine à éviter le grand nombre d'îles de glaces qui l'environnaient. Quelque périlleux qu'il soit de naviguer parmi ces rochers flottants durant une brume épaisse, Cook observa que cela vaut encore mieux que d'être enfermé, dans les mêmes circonstances, par d'immenses plaines de glace. Le 1er janvier 1773, ces navigateurs aperçurent la lune pour la première fois depuis leur départ du cap de Bonne-Espérance. On profita de cette circonstance pour faire des observations astronomiques, et on constata que Bouvet s'était probablement trompé et qu'il avait pris des montagnes de glace pour un continent. Afin de mieux constater ce fait et de multiplier les découvertes, les deux vaisseaux se séparèrent à 50 degrés de latitude, après s'être avancés jusqu'au 67e parallèle. Cook dirigea de nouveau sa route vers le pôle, et tenta plusieurs fois de s'en approcher davantage dans une étendue de plus de 80 degrés de longitude orientale ; mais les vents, la neige, la brume, les montagnes et les plaines de glace ne lui permirent plus de franchir au delà du 62e degré. Alors il fit route vers la Nouvelle-Zélande, qu'il avait déjà visitée et dont Surville, navigateur français, avait déjà découvert la côte orientale en 1769.

Les deux îles de la Nouvelle-Zélande égalent à peu près les deux tiers de l'Angleterre et de l'Ecosse. L'île septentrionale, plus éloignée du pôle, paraît plus favorisée que l'autre ; mais les deux jouissent d'un climat tempéré. Nous ne connaissons que les côtes de cés îles, qui sont généralement arides ; peut-être découvrira-t-on un jour, au milieu des montagnes qui couvrent leur intérieur, des plaines agréables et couvertes de toutes les richesses de la nature. Les Européens y ont introduit la culture des céréales, des racines et des légumes de nos contrées, qui réussissent très-bien. Les indigènes sont actifs, industrieux et susceptibles d'application. On ne remarque point chez eux la légèreté qui semble caractériser les habitants des îles australes. Occupés pendant des années entières de leurs projets, ils prennent tous les moyens de réussir et les exécutent le plus tôt possible. Les missionnaires ont observé que les enfants, pour apprendre à lire et à écrire, déploient une facilité au moins égale à celle des Anglais. Ils sont très-courageux dans les combats et s'emportent violemment contre ceux qui blessent leur vanité ; mais ils montrent ensuite une douceur étonnante.

La mission française, avec de faibles secours, paraît avoir plus de succès que la mission anglaise, dont chaque conversion coûte jusqu'ici 50,000 fr. Notre village de *Korarica* augmente rapidement et devient le centre d'un commerce actif. Un Français, le baron Thierry, a été choisi pour donner à cet Etat naissant la civilisation européenne.

Mais pour répandre les bienfaits de nos institutions

morales et religieuses parmi les grossiers habitants de l'île, il ne faudrait pas les mélanger avec les déportés, qui ont souvent des vices trop enracinés pour devenir utiles à un peuple que l'on veut tirer de la barbarie. Il faut plutôt des artisans et des laboureurs honnêtes et actifs. A une époque où tant d'individus ont de la peine à subsister dans leur patrie, il doit s'en trouver qui consentiraient à la quitter volontairement pour un pays où ils seraient assurés de vivre à leur aise et d'élever facilement leur famille.

Nous jetterons maintenant un coup d'œil sur les îles australes, qu'on peut partager en hautes et basses. Celles-ci sont communément des bancs de corail étroits et circulaires, qui renferment au milieu une espèce de lagune ; leur surface offre çà et là de petits espaces sablonneux où croissent quelques cocotiers et quelques autres plantes ; le reste du banc de corail est si bas, que la mer le couvre souvent. Plusieurs de ces îles sont habitées. Les hautes îles ressemblent de loin à de hautes montagnes qui s'élancent du milieu de l'Océan. Toutes les îles basses du tropique semblent avoir été produites par des animaux ressemblant aux polypes.

C'est un sol formé de coquilles et de rochers de corail, mêlé d'un terreau léger et noirâtre, produit par des végétaux pourris. Le récif, premier fondement des îles, est formé d'abord par les habitations de ces animalcules : des coquillages, des algues, du sable et autres débris s'amoncellent peu à peu au sommet de ces rochers de corail, qui enfin se montrent au-dessus de l'eau. Ce dépôt continue à s'accumuler jusqu'à ce qu'un oiseau ou les vagues y portent des graines de plantes qui croissent sur le bord de la mer ; par ce moyen, ces îles basses ont pu se couvrir de cocotiers. Les animalcules qui bâtissent ces récifs ont besoin de mettre leurs habitations à l'abri de l'impétuosité des vents et de la fureur des vagues ; et comme, dans les tropiques, le vent souffle presque toujours du même côté, l'instinct ne les porte qu'à étendre le banc au dedans duquel est une lagune ; ils construisent donc des bancs de rochers de corail très-étroits, pour s'assurer, au centre de l'enceinte, un espace calme et abrité : telle est l'origine de ces îles basses du tropique.

Quant aux îles hautes, toutes offrent des vestiges frappants d'une altération violente, produite par des volcans. De plus, toutes ces îles doivent être considérées comme formant des montagnes sous-marines dont le sommet est saillant hors de l'eau ; le fond de l'Océan est la plaine sur laquelle s'élèvent ces hauteurs, soit isolées, soit rangées parallèlement. Les premiers navigateurs, en suivant cette idée de concordance des chaînes sous-marines, auraient pu faciliter la découverte de plusieurs îles qui ont été rencontrées par hasard. Et qui sait si, en suivant dans la mer la suite des Andes qui doivent se prolonger jusqu'au pôle sud, en le tournant, on ne rencontrerait pas une suite d'îles hautes ou basses, qui relient l'Amérique à un autre continent ? Cependant l'existence d'un continent austral est fort douteuse, et s'il a paru nécessaire à quelques savants pour contrebalancer le poids des terres de l'hémisphère boréal, Cook et Dumont d'Urville ont mis hors de doute qu'il n'existe pas de terre en deçà du 60ᵉ degré, à l'exception des fragments peu considérables qu'on a trouvés dans l'océan Atlantique méridional. Or, quand même on supposerait que tout l'espace au delà du 60ᵉ parallèle est entièrement occupé par des terres, leur masse serait encore bien loin de contrebalancer le poids des terres boréales. Il est à supposer que la Providence a suppléé à ce défaut, en plaçant au fond de l'océan Austral des corps dont la pesanteur spécifique compense l'absence des terres, si ce système d'un contre-poids est absolument nécessaire. Puis, à quoi bon des terres qui ne produiraient rien ? Car il est prouvé que le froid rigoureux des régions antarctiques étouffe à peu près le germe des végétaux.

Au reste, si le goût des expéditions aventureuses, le désir d'acquérir quelque célébrité en attachant son nom à la gloire de la découverte de terres nouvelles, animèrent les premiers navigateurs, les voyageurs futurs, en entrant dans cette carrière périlleuse, auront le plus souvent la pénible tâche de glaner dans des régions où leurs devanciers auront déjà fait une ample moisson de renseignements curieux. On ne doit plus se flatter aujourd'hui que ce soit la rencontre inopinée d'une grande étendue de terre qui puisse attirer l'attention publique. Le globe est connu dans ses masses principales ; il ne reste qu'à revenir sur des détails pour éclaircir la science géographique plutôt que pour l'augmenter ; aussi cette limitation de nos courses maritimes doit-elle donner aux

expéditions nouvelles un caractère analogue à leur
objet. Il faut donc que les voyageurs renoncent à étonner
par la grandeur de leurs découvertes ; leur mérite ne
peut plus consister que dans l'exactitude de leurs travaux
et dans l'attention minutieuse qu'ils auront apportée à
leurs observations. Cette tâche, il est vrai, est plus
utile que brillante ; elle ne peut être comme les entreprises de ces fameux navigateurs dont le nom se perpétue
avec la terre qu'ils ont montrée aux autres hommes.
Mais, avec moins d'éclat, elle offre aussi plus de difficultés. On pouvait autrefois reconnaître l'existence d'une
île et en tracer les principaux contours, sans qu'il fût
nécessaire de pénétrer bien au delà des côtes ; on doit
aujourd'hui visiter les moindres enfoncements, reconnaître les récifs, sonder toutes les passes ; et l'on conçoit
que cette obligation deviendra d'autant plus périlleuse,
qu'on sera plus dépourvu de ressources en cas d'acci-
dents, ou plus éloigné des pays civilisés.

Mais n'oublions pas que dans l'histoire du genre
humain, les progrès de la navigation tiendront toujours
la première place. Un vaisseau réunit les parties du
monde les plus éloignées ; des cités, des nations entières

se transplantent sous d'autres climats ; au milieu des paisibles peuples enfants s'élève le tumulte de la civilisation; un mouvement universel saisit les peuples; l'homme, à son insu, est entraîné à la conquête du globe.

Le sort des grandes familles humaines a été décidé par la direction qu'elles ont prise dans leur émigration, mais surtout par la position des grandes mers du globe, et le parti que les hommes surent en tirer. L'éternelle enfance des Chinois n'est due qu'à leur ignorance de la navigation. Si les Japonais et les Malais ont montré un caractère vigoureux et entreprenant, c'est à l'époque où leurs escadres parcouraient le grand Océan oriental, encore aujourd'hui rempli de leurs colonies. Les nations africaines se sont comme engourdies au milieu d'un grand continent dépourvu de golfes et de bras de mer ; cette circonstance, qui empêchait la navigation d'y porter l'industrie, a puissamment contribué à abrutir les peuples d'Afrique.

L'Egypte dut sans doute une grande partie de sa puissance et de sa prospérité à la navigation que plus tard les Tyriens, les Phéniciens et les Carthaginois exploitèrent. Les Egyptiens, conquérants de l'Asie, possesseurs de toute l'Arabie, de la Chaldée, de la mer Rouge et du golfe Persique, étaient sans contredit un peuple navigateur ; mais, vaincus par les Perses, subjugués par les Grecs et les Romains, leur gloire s'est évanouie. Les Européens seuls étaient appelés à étendre leur empire sur le globe. Les nations qui ont peuplé l'Europe ont eu à franchir le Caucase et les Alpes, le Pont-Euxin et la Baltique, l'Archipel, l'Adriatique et la Méditerranée. De si grands obstacles ralentirent d'abord leur marche, mais en même temps développèrent et fortifièrent ce grand caractère d'activité et d'audace commun aux peuples européens. Bientôt les Phéniciens perdirent l'empire de la mer ; Athènes rivalise avec Tyr ; une ville grecque domine l'Egypte vaincue ; Carthage succombe sous Rome ; l'Europe saisit le sceptre du monde. A cette époque, toute la civilisation était rassemblée autour de la Méditerranée ; c'était presque la seule mer sur laquelle on naviguât ; c'était le grand chemin de tous les peuples policés.

Une seconde époque commence, et c'est encore au progrès de la navigation que se lie la marche de la civili-sation. Les Scandinaves y préludent par leurs courses audacieuses qui s'étendirent jusqu'en Amérique. Puis vint Colomb, et un nouveau monde reçoit nos vaisseaux. Une nouvelle Europe s'élève et croît dans ces magnifiques solitudes. L'océan Atlantique est devenu la Méditerranée nouvelle, la grande route commune, qui rapproche entre eux les peuples civilisés.

Mais la marche de la civilisation est loin d'être terminée, les merveilles de l'Europe peuvent encore être effacées. Les Européens s'arrêteront-ils aux bords de cet océan Atlantique qui, tout immense qu'il parut aux anciens, n'est pourtant qu'un bras de mer, si on le compare à ce grand Océan qui s'étend d'un pôle à l'autre ? Déjà, montés sur des barques légères, les navigateurs américains franchissent sans crainte tout cet hémisphère aquatique ; déjà des colonies anglaises ont commencé à conquérir ces vastes terres, ces îles innombrables qui forment au sud-est de l'Asie une cinquième partie du monde, la plus belle de toutes. Cette superbe Océanie offrira peut-être avant quelques siècles le spectacle de la plus vaste civilisation qu'il soit donné à l'homme d'espérer, et que les bornes du globe puissent admettre. Qu'un autre Cadmus y apporte ce flambeau des arts et des sciences ; que des colonies échappées à nos guerres civiles fondent dans une des grandes terres de l'Australie ou de la Malaisie une nouvelle Grèce, alors ces collines qui ne produisent aujourd'hui que des arômates, se couvriront de villes et de palais ; dans ces baies qu'ombrage une forêt de palmiers, on verra voguer une forêt de mâts ; l'or et le marbre seront tirés des montagnes encore vierges ; le corail et les perles seront recherchés au fond de la mer, pour orner des capitoles nouveaux ; la croix s'élèvera jusqu'aux nues ; et un jour peut-être l'Europe, l'Asie, l'Afrique et l'Amérique, étonnées et jalouses, trouveront une rivalité stimulante dans des contrées presque inconnues aujourd'hui. Ainsi, dans l'histoire du genre humain, le passé, le présent et l'avenir se lient à la position des grandes mers du globe et aux progrès de la navigation dans tous les pays.

XVI.

TERRES DU CIEL.

Idée grandiose du firmament. — L'espace infini. — Mouvement des planètes. — Attraction et gravitation ; preuves. — Voyage dans la lune. — Habitants des planètes ; preuves. — Comètes qui peuvent rencontrer la terre. — Difficultés sur la loi de l'attraction. — Voyage aux planètes : Mercure, Vénus, Mars, Jupiter, Saturne, Uranus et Neptune. — Observations curieuses sur les lunes de Jupiter. — Conclusion de ce volume sur le rôle de la nature et les destinées de l'univers.

Bientôt tous les recoins de notre globe terrestre seront tellement connus, que le genre humain n'y trouvera plus à satisfaire son besoin inné du vague et de l'inconnu. C'est alors que de grands hommes feront éclore toute la poésie du ciel, mais la poésie vraie, la poésie pure comme la foi et la vertu. Quel livre étincelant de l'imagination humaine peut être comparable à cette voûte céleste, où le soleil est la gloire du jour et les étoiles les grâces de la nuit, où des fleurs de feu, radiées et nuancées comme celles de la terre, passent chaque nuit sur nos têtes ; fleurs semées sur les prairies bleues du ciel, et quelquefois mourantes comme celles de la terre ?

Chaque année, par l'effet de la révolution annuelle de la terre autour du soleil, nous nous rapprochons et nous nous éloignons de soixante millions de lieues d'un point déterminé dans l'espace infini ; cependant, ni le diamètre ni l'éclat des étoiles n'en paraissent nullement augmentés ou diminués : preuve du prodigieux éloignement de ces astres. On a calculé que la 61e étoile du Cygne met dix ans pour nous envoyer sa lumière, tandis que le soleil nous envoie la sienne dans l'espace de huit minutes à travers une distance de trente-cinq millions de lieues. Herschell prétend que la lumière de certaines étoiles mettra jusqu'à deux millions d'années pour nous parvenir. On ne les verra donc que deux millions d'années après la création. Et s'il plaisait à Dieu de souffler dessus et de les éteindre soudainement, nous les verrions encore deux millions d'années après. Et cependant cette distance incommensurable ne nous donne qu'une petite idée des profondeurs des cieux et de l'espace infini. En effet, supposez un boulet de canon lancé dans l'espace avec la vitesse de la lumière. Dans huit minutes il serait au soleil; l'heure suivante dix fois plus loin ; à la fin de la journée, les milliards de lieues ne se comptent plus. Dans deux millions d'années, il atteindra les étoiles de Herschell. Mais s'il marche des milliards d'années, il trouvera peut-être encore sur sa route les merveilles de la création. Et s'il avance toujours, pendant des milliards de siècles, pendant l'éternité, toujours il trouvera l'espace sans bornes, l'espace infini. Et il laissera bien loin derrière lui, dans un petit coin, les mondes planétaires, qui naviguent majestueusement dans un océan sans rivage, et que les élus de Dieu explorent sans doute pour rendre gloire à l'Eternel.

Circulant comme la terre autour du soleil, et tournant autour d'un axe comme elle autour de ses pôles, les planètes ont, comme nous, des jours et des années. Comme nous aussi, elles ont des saisons, et présentent directement aux rayons du soleil diverses lignes de leur surface, suivant la position qu'elles occupent dans leurs orbites.

Il y a donc une parité complète entre ces astres et la terre, et une sorte de *concitoyenneté* entre elles et nous. Pour compléter la ressemblance, quelques planètes ont comme la terre un ou plusieurs satellites qui tournent autour d'elles, comme la lune autour de nous, et qui réfléchissent la lumière du soleil. A la vue de toutes ces analogies, plusieurs savants ont supposé qu'elles sont aussi couvertes d'habitants, et sans qu'on puisse rien affirmer sur la structure dont pourraient être doués ces êtres inconnus, l'existence démontrée d'atmosphères gazeuses autour de quelques planètes pourrait faire penser que leurs conditions de vitalité ne sont pas différentes de celles propres aux êtres organisés qui peuplent notre globe. Mais nous verrons bientôt que si cette hypothèse n'est pas sans vraisemblance, elle n'est pas non plus sans difficultés.

Relativement à leurs distances au soleil, les planètes doivent être rangées dans l'ordre suivant : Mercure est celle qui a le plus petit orbite ; puis viennent Vénus, la Terre, Mars, Jupiter et Saturne ; puis Uranus, si loin du soleil et de nous, qu'il avait longtemps tourné inaperçu dans son ellipse immense ; puis enfin Neptune, découvert plus récemment, et qui met 164 ans à tourner autour du soleil. Cette durée de la révolution complète d'une planète, c'est ce qu'on appelle l'année *planétaire*. Ainsi, en rapportant la mesure des années planétaires au jour et à l'année terrestre, on trouve approximativement les nombres suivants : pour Mercure, 87 jours ; pour Vénus, 224 ; les autres mettent plusieurs années ; Mars, 2 ans ; Jupiter, 12 ans ; Saturne, 30 ans ; Uranus, 84 ans ; Neptune, 164 ans.

Tycho-Brahé, seigneur danois, observateur des plus habiles, tout en n'admettant pas le mouvement de la terre, réduisit le système des anciens à une plus grande simplicité. Il ramena tous les mouvements planétaires à avoir le soleil pour centre. Mais bien des choses restaient obscures encore, notamment l'emploi de deux centres. Copernic, reprenant les idées de Pythagore, fit voir qu'il était plus rationnel de supposer la terre mobile autour du soleil. Et c'est seulement lorsque Képler eut découvert les mouvements planétaires, que leurs bizarreries apparentes furent complétement expliquées. Les lois de Képler ont conduit Newton à la découverte de *l'attraction universelle*, et lui ont permis de formuler la théorie du mouvement des corps célestes.

« Telle est notre condition, dit Fontenelle, qu'il ne nous est point permis d'arriver tout d'un coup à rien de raisonnable ; il faut avant tout que nous nous égarions longtemps et que nous passions par diverses sortes d'erreurs et par divers degrés d'impertinence. Il eût toujours dû être bien facile de s'aviser que tout le jeu de la nature consiste dans les figures et dans les mouvements des corps ; cependant, avant que d'en venir là, il a fallu essayer des idées de Platon, des nombres de Pythagore et des qualités d'Aristote ; et tout cela ayant été reconnu pour faux, on a été réduit à prendre le vrai système, car en vérité il n'en restait plus d'autre ; et il semble qu'on s'est défendu de le prendre aussi longtemps que possible. Nous avons l'obligation aux anciens de nous avoir épuisé la plus grande partie des idées fausses qu'on pouvait se faire. Il fallait absolument payer à l'erreur et à l'ignorance le tribut obligatoire, et nous ne devons pas manquer de reconnaissance envers ceux qui nous en ont acquittés. Il en est de même sur diverses matières, où il y a je ne sais combien de sottises que nous dirions si elles n'avaient pas été dites et si on ne nous les avait pas pour ainsi dire enlevées. »

L'univers est caché pour nous derrière une espèce de voile à travers lequel nous entrevoyons confusément quelques phénomènes. Et quand un génie découvre quelques-unes des lois harmoniques qui régissent la création, il faut reconnaître la cause primordiale, le grand ordonnateur, dont l'*attraction universelle* est l'effet immédiat. Cette attraction, qu'on appelle aussi *force centripète*, est un des plus grands principes et des plus universels de la nature. Nous la voyons et nous la sentons dans les corps soumis par nous à la *pesanteur ;* et nous trouvons par l'observation que cette force, toujours proportionnelle à la quantité de matière et qui agit en raison inverse du carré des distances, s'étend jusqu'à la lune et jusqu'aux autres planètes premières et secondaires, aussi bien que jusqu'aux comètes, et que c'est par elle que les corps célestes sont retenus dans leurs orbites. Or, comme nous trouvons la pesanteur dans tous les corps qui font le sujet de nos observations, nous sommes en droit d'en conclure qu'elle se trouve aussi dans tous les autres ; de plus, comme nous remarquons qu'elle est proportionnelle à la quantité de matière de chaque corps, elle doit exister dans chacune de leurs parties ; et c'est par conséquent une loi de la nature que chaque particule de matière tend vers chaque autre particule. C'est donc de l'*attraction*, suivant Newton, que proviennent la plupart des mouvements et par conséquent des changements qui se font dans l'univers. Et par là, cet auteur explique une infinité de phénomènes, qui seraient inexplicables par le seul principe de la *gravitation*, tels que la cohésion, la dissolution, la coagulation, la cristallisation, la fluidité, la fermentation, etc.

« En admettant ce principe, ajoute Newton, on trouvera que la nature est partout conforme à elle-même et très-simple dans ses opérations ; qu'elle produit tous les mouvements des corps célestes par l'attraction de la gravité qui agit sur les corps, et presque tous les petits mouvements de leurs parties, par le moyen de quelque autre puissance attractive répandue dans ces parties. Sans ce principe, il n'y aurait point de mouvement dans le monde ; et sans la continuation de l'action d'une pareille cause, le mouvement périrait peu à peu, puisqu'il devrait continuellement décroître et diminuer, si ces puissances actives n'en reproduisaient sans cesse de nouveaux. »

L'attraction en général est un principe si complexe,
qu'on peut par son moyen expliquer une foule de phénomènes différents les uns des autres ; mais jusqu'à ce
que nous en connaissions mieux les propriétés, il serait
peut-être bon de l'appliquer à moins d'effets, et de l'ap-
profondir davantage. Il peut se faire que toutes les
attractions ne se ressemblent pas, et que quelques-unes
dépendent de certaines causes particulières, dont jusqu'à
présent nous n'avons pu nous former aucune idée,
parce que nous n'avons pas assez d'observations exactes,
ou parce que les phénomènes sont si peu sensibles,
qu'ils échappent à nos sens. Ceux qui viendront après
nous découvriront peut-être ces diverses sortes de phénomènes qu'il nous est impossible de bien expliquer
avant que ces causes inconnues aient été découvertes.
Nous aimons, il est vrai, à généraliser nos découvertes ;
l'analogie nous plaît, parce qu'elle flatte notre vanité et
soulage notre paresse ; mais la nature n'est pas obligée
de se conformer à nos idées. Nous voyons si peu avant
dans ses ouvrages et par de si petites parties, que les
principaux ressorts nous en échappent. Tâchons de bien
apercevoir ce qui est autour de nous ; et si nous voulons

nous élever plus haut, que ce soit avec beaucoup de circonspection ; autrement nous n'en verrions que plus mal en croyant voir plus loin.

Il en est de même de la *gravitation,* qui signifie proprement l'effet de la pesanteur ou la tendance qu'un corps a vers un autre corps. L'attraction est la cause inconnue, et la gravitation est l'effet. Les planètes, aussi bien que les comètes, tendent toutes vers le soleil et pèsent en outre les unes vers les autres, comme le soleil pèse et tend vers elles. L'équilibre des corps célestes est maintenu par ces deux forces : attraction ou force centripète, et gravitation ou force centrifuge. Le phénomène des marées a confirmé d'ailleurs cette théorie pour la terre et la lune. Et comme les révolutions des planètes autour du soleil et celle des satellites de Jupiter et de Saturne autour de ces planètes, sont des phénomènes de la même espèce que la révolution de la lune autour de la terre, on peut conclure que la loi de la gravitation et sa cause sont les mêmes dans toutes les planètes et leurs satellites. Il ne reste plus qu'à savoir quelle est la cause de cette gravitation universelle, ou tendance mutuelle que les corps ont les uns vers les autres. Clarke croit

que ce n'est point un effet accidentel de quelque matière
subtile, mais une force générale que, dès le commencement, Dieu a imprimée à la matière et qu'il y conserve
par quelque cause efficiente qui en pénètre la substance.
Gravesande pense que nous devons la regarder comme
une tendance que le Créateur a imprimée originairement et immédiatement à la matière, sans qu'elle dé-
pende en aucune façon de quelque loi ou cause secon-
daire.

Ces principes posés, nous pouvons sans danger explorer les Terres du Ciel, à commencer par la lune, la
plus proche de nous. Il est visible que la lune tourne
autour de la terre, et aucun philosophe de l'antiquité
n'a jamais pensé à faire un système différent. Il était
réservé à Jacques Alexandre, écrivain du xviiie siècle, de
soutenir le premier que ce n'est point la lune qui tourne
autour de la terre, mais la terre autour de la lune. Il a
avancé cette opinion dans une dissertation sur le flux et
le reflux de la mer, qui remporta le prix de l'Académie
de Bordeaux en 1727; et toute son explication du flux et
du reflux porte sur l'hypothèse du mouvement de la terre
autour de la lune. L'Académie de Bordeaux, dans le

programme qu'elle a fait imprimer à la tête de cet ouvrage, a eu [grand soin d'avertir qu'en couronnant l'auteur, elle n'avait pas prétendu adopter son système, et que si elle n'adjugeait le prix qu'à des systèmes démontrés, elle aurait souvent le déplaisir de ne pouvoir le distribuer.

De même que toutes les planètes premières se meuvent autour du soleil, de même la lune se meut autour de la terre. Elle fait sa révolution autour de nous en 27 jours 7 heures 43 minutes, ce qui est aussi le temps précis de sa rotation autour de son axe. Sa moyenne distance à la terre est de [80,000 lieues et son diamètre d'environ 725 lieues. La cause des phases de la lune, c'est qu'elle est un corps opaque, obscur et sphérique, et qu'elle ne brille que de la lumière qu'elle reçoit du soleil ; ce qui fait qu'il n'y a que celle des deux moitiés qui est tournée vers cet astre qui soit éclairée, la moitié opposée conservant toujours son obscurité naturelle.

Comme la lune éclaire la terre, la terre à son tour éclaire la lune par réflexion des rayons du soleil, et en plus grande abondance ; car la surface de la terre est environ quinze fois plus grande que celle de la lune. Or, dans les nouvelles lunes, le côté éclairé de la terre est tourné en plein vers la lune, dont il éclaire alors la partie obscure. Les habitants de la lune, s'il y en a, doivent donc avoir alors *pleine terre*, comme dans une position semblable nous avons *pleine lune*. De là cette lumière faible qu'on observe dans les nouvelles lunes, qui, outre les cornes brillantes, nous fait apercevoir encore le reste de son disque jusqu'à y distinguer des taches. Il est vrai que cette lumière est moins vive que celle du croissant, mais elle n'en est pas moins réelle. La preuve qu'on en peut donner, c'est qu'elle va en s'affaiblissant à mesure que la terre s'écarte du lieu qu'elle occupait relativement au soleil et à la lune. En résumé, la terre doit présenter à la lune les mêmes phases que celle-ci nous présente. La lumière de la lune ne produisant aucune chaleur sensible, même quand elle est ramassée au foyer d'un miroir ardent, le docteur Hook a calculé qu'il faudrait à la fois dans le ciel 104,368 pleines lunes pour donner une lumière et une chaleur égales à celles du soleil à midi.

Suivant la théorie de Newton, on démontre d'une façon fort élégante les lois mécaniques d'où dépendent les mouvements bizarres de la lune dans son orbite. Mais, malgré ce travail, on n'est pas encore parvenu à découvrir entièrement tout ce qui appartient à la théorie de cette planète, et cela faute d'une suite d'observations qui demandent beaucoup de veilles et d'assiduités. Au reste, quelles que soient les causes des irrégularités des mouvements de la lune, les observations ont appris qu'après 223 lunaisons, les circonstances du mouvement de la lune redevenant les mêmes, par rapport au soleil et à la terre, ramènent dans son cours les mêmes irrégularités qu'on y avait observées dix-huit ans auparavant. Une suite d'observations continuées pendant une telle période avec assez d'assiduité et d'exactitude, donnera donc le mouvement de la lune pour les périodes suivantes.

On a déjà remarqué que la lune est couverte de montagnes et de vallées. Riccioli a même mesuré une de ces montagnes, dont la hauteur est de trois lieues. Il y a de plus dans la lune de grands espaces dont la surface est unie et égale, et qui réfléchissent en même temps moins de lumière que les autres. Or, comme la surface des corps fluides est naturellement unie, et que ces corps transparents transmettent une grande partie de la lumière et n'en réfléchissent que fort peu, plusieurs astronomes ont conclu que les taches de la lune sont des corps fluides transparents, et que lorsqu'elles sont fort étendues, elles forment des mers. Il y a donc dans la lune des montagnes, des vallées et des mers. De plus, les parties lumineuses des taches doivent être par la même raison des îles et des péninsules. Et puisque dans les taches et près de leurs limbes on remarque certaines parties plus hautes que d'autres, il faut donc qu'il y ait dans les mers de la lune des rochers et des promontoires. La lune serait donc à tous égards un corps semblable à la terre, si elle avait une atmosphère; mais on n'y observe ni nuages, ni rien qui mette obstacle au passage de la lumière quand les étoiles passent près d'elle, et cette absence d'atmosphère nous force à conclure que la lune n'est pas habitable.

Les anciens attribuaient à la lune des influences nombreuses sur les corps terrestres, dont plusieurs étaient chimériques. Cependant, si on examine la chose avec attention, il ne doit point paraître impossible que la lune ne puisse avoir beaucoup d'influence sur l'air que nous respirons et les différents effets que nous observons. Il est certain que le soleil et la lune surtout agissent sur l'Océan et en causent le flux et le reflux. Or, si l'action de cet astre est si sensible sur la masse des eaux, pourquoi ne le serait-elle pas sur l'atmosphère qui les couvre ? Il est vrai que le vulgaire tombe dans beaucoup d'erreurs à ce sujet ; mais nous croyons pouvoir dire que plusieurs vents, par exemple, et les effets qui en résultent peuvent être attribués à l'action de la lune ; que par son action sur l'atmosphère elle peut changer la disposition de nos corps et occasionner des maladies ou malaises. Il est vrai que les dérangements de l'atmosphère ont encore une infinité d'autres causes dont la loi ne paraît point réglée ; mais cela n'empêche pas les effets de la lune d'être réels.

En observant les différentes phases et les différentes apparences des planètes, on trouve qu'elles sont toutes parfaitement semblables à la lune, et de plus entourées d'une atmosphère semblable à la nôtre. Les changements auxquels leur atmosphère est sujette, doivent produire des vents, des nuages et d'autres météores ; et suivant les différentes saisons de leur année, des pluies, des brouillards, de la gelée et de la neige. Or, comme nous savons que la nature ne produit rien en vain, que les pluies et les rosées tombent sur notre planète pour faire végéter les plantes, et que les plantes croissent pour nourrir les animaux ; comme nous savons d'ailleurs que la nature est uniforme et constante dans ses procédés, que les mêmes choses servent aux mêmes fins, plusieurs philosophes en ont conclu qu'il devait y avoir dans les planètes des animaux et des plantes, et peut-être des hommes ou des créatures intelligentes. Mais, en poussant l'analogie jusqu'au bout, rien ne nous empêche de supposer que chaque étoile est un soleil entouré de planètes également habitées et que les cieux sont remplis de mondes planétaires.

Dans cette hypothèse, et puisqu'on trouve la création mesquine, si la terre seule est habitée, nous pouvons ajouter encore dans notre imagination à la grandeur et à la puissance de Dieu. Nous pouvons donc supposer que Dieu a créé des mondes pendant toute l'éternité passée, qu'il en crée encore, et qu'il en créera toujours. Mais dans cet ordre d'idées nous pourrions toutefois reprocher à la création d'être incomplète ; et puisque tout doit pulluler de créatures animées et intelligentes, pourquoi la lune serait-elle privée d'habitants et pourquoi la terre serait-elle encore couverte de forêts vierges et de déserts inhabitables? Puis, il est écrit : « Un jour le soleil s'obscurcira, la lune ne donnera plus sa lumière, les étoiles tomberont du ciel et les vertus des cieux seront ébranlées. Et on verra alors le Fils de l'homme venir sur les nuées du ciel avec une grande puissance et une grande majesté. Il enverra ses Anges, qui feront entendre le son éclatant de la trompette et qui rassembleront *ses élus* des quatre coins du monde, *d'une extrémité du ciel à l'autre. Le ciel et la terre passeront,* mais mes paroles ne passeront point. » Et ailleurs : « C'est vous, Seigneur, qui au commencement du monde avez affermi la terre sur ses fondements, et les cieux sont l'ouvrage de vos mains. Ils *périront*, mais vous, vous subsisterez; ils *vieilliront* tous comme un vêtement; vous les *changerez* comme un manteau, et *ils seront changés ;* mais pour vous, vous êtes toujours le même, et vos années ne finiront point. »

La nature change et altère tout sur la terre. Babylone et Palmyre ne sont plus. Les empires s'élèvent successivement sur les débris de leurs devanciers; chaque

nation a ses âges d'agrandissement et de mort ; les
époques sont marquées par l'éternelle Providence, et les
cieux à leur tour vieilliront comme un vêtement et ils
seront changés. Dans cette colossale révolution, la nature, sans limites dans sa grandeur et sa puissance,
poursuivra éternellement ses lois de transformation dans
un cercle sans fin, sous l'éternelle impulsion de Dieu,
qui prodigue à ses élus les merveilles inépuisables de sa
création. Mais arrêtons-nous ici. Tout ce que nous pouvons connaître dans ce monde n'est que la superficie
des choses qui se rapportent à nous-mêmes ; et les plus
grands efforts de l'intelligence humaine ne sont guère
que la mesure de sa faiblesse auprès de l'univers.

S'il y a quelques astronomes sérieux qui essaient de
prouver scientifiquement la fin du monde par le refroi-
dissement successif de notre soleil et de notre planète,
d'autres, pour faire une niche aux saintes Écritures,
peuplent au hasard tous les mondes planétaires. Mais les
Écritures resteront, et les systèmes malveillants tomberont comme les feuilles desséchées. Au reste, les esprits
peuplent l'espace, puisque les anges rassembleront les
élus des quatre coins du monde et *d'une extrémité du*

ciel à l'autre. Et quant à la pluralité des mondes comme l'entendent les matérialistes, elle est loin d'être prouvée scientifiquement, et je doute fort qu'ils y parviennent un jour.

Fontenelle, le premier qui ait émis cette idée séduisante, a soutenu cette thèse plutôt comme un jeu d'esprit que comme une opinion sérieuse. Il explique, chemin faisant, avec beaucoup de clarté le système de Copernic et les tourbillons de Descartes, qui étaient alors ce qu'on connaissait de mieux. Ce livre *(Pluralité des Mondes)* a eu la plus grande réputation, et on le regarde encore comme un de ceux qui font le plus d'honneur à son auteur.

Wolf, s'appuyant sur de nouvelles preuves, va jusqu'à faire des conjectures sur les habitants des planètes : par exemple, il ne doute point que les habitants de Jupiter ne soient beaucoup plus grands que nous et de taille gigantesque. Et il en donne cette preuve singulière : « On enseigne dans l'optique que la prunelle de l'œil est dilatée par une lumière faible et rétractée par une lumière forte ; donc, la lumière du soleil étant beau-coup moins grande pour les habitants de Jupiter que

pour nous, parce que Jupiter est plus éloigné du soleil ,
il s'ensuit que les habitants de cette planète ont la prunelle beaucoup plus large et beaucoup plus dilatée que
la nôtre. Or, on observe que la prunelle a une proportion
constante avec le globe de l'œil et l'œil avec le reste du
corps ; de sorte que, dans les animaux, plus la prunelle
est grande, plus l'œil est gros et plus aussi le corps est
grand. Pour déterminer la grandeur des habitants de
Jupiter, on peut remarquer que la distance de Jupiter
au soleil est cinq fois plus forte que celle de la terre ; le
diamètre de la prunelle des habitants de Jupiter doit en
conséquence être comme treize est à cinq. Comme la hauteur des habitants de la terre est en moyenne de cinq pieds
quatre pouces environ (c'est la hauteur que Wolf s'est
trouvée à lui-même), on en conclut que la hauteur commune des habitants de Jupiter doit être de quatorze
pieds deux tiers. Or, cette grandeur était à peu près celle
de Og, roi de Basan, dont parle Moïse. »

Voilà les égarements où tombe l'esprit humain, quand
il se livre à la fureur de faire des systèmes ; car sur quoi
se fonde M. Wolf pour avancer que les habitants de
Jupiter ont la prunelle plus grande que la nôtre? Il

faudrait d'abord savoir s'ils ont des yeux ; d'ailleurs est-il
vrai que la grandeur du corps soit proportionnée au diamètre de la prunelle? Les chats ont la prunelle plus
grande que nous. Fontenelle est bien éloigné de
faire des conjectures aussi puériles sur la figure des
habitants des planètes; il pense qu'elle est fort différente
de la nôtre, et que nous n'en avons aucune idée. «Quelle
différence, dit-il, de notre figure, de nos manières, à
celles des Américains et des Africains! Nous habitons
pourtant le même vaisseau, dont ils tiennent la proue et
nous la poupe. Combien ne doit-il pas y avoir de différence de nous aux habitants des autres planètes, c'est-
à-dire de ces autres vaisseaux qui flottent loin de nous
par les cieux! » Cela est plus vraisemblable, mais ce
n'est guère plus sûr.

Huyghens va plus loin et prétend que les habitants des planètes doivent avoir les mêmes arts et
les mêmes connaissances que nous; ce qui ne s'éloigne
pas beaucoup d'en faire des hommes. D'autres, pour
appuyer cette idée, insinuent que cette opinion ne
saurait être contraire à la foi; car, disent-ils, si l'E-
criture nous apprend que tous les hommes viennent

d’Adam, elle ne veut parler que des hommes qui habitent notre terre. D’autres hommes peuvent habiter les autres planètes et venir d’ailleurs que d’Adam. Mais dans cette hypothèse, il resterait à expliquer, sous un point de vue nouveau, la rédemption du genre humain que Jésus-Christ est venu faire parmi nous. Sans doute, on peut croire là-dessus tout ce qu’on voudra, si l’on cherche sincèrement le plan providentiel dans l’immensité de la création. Mais il s’agit ici d’une démonstration scientifique, et à ce point de vue nous sommes loin d’avoir prouvé cette hypothèse, qui n’a rien d’offensant pour la majesté divine.

Mais, quoique l’opinion de l’existence des habitants des planètes ne soit pas sans vraisemblance pour notre pauvre raison, elle n’est pas non plus sans difficultés. 1° On doute que des êtres vivants puissent respirer et vivre dans plusieurs planètes, entre autres la lune, puisqu’on n’est pas certain s’il y a une atmosphère. 2° On remarque dans quelques planètes, comme Jupiter, des changements figurés et considérables sur leur surface, et il semble qu’une planète habitée devrait être plus tranquille. 3° Enfin les comètes sont certainement des planètes, et il est difficile de croire qu'elles soient habitées. La comète de 1680 a passé presque sur le soleil et puis s'en est éloignée au point qu'elle ne reviendra peut-être plus que dans 575 ans. D'après le calcul de Newton, la chaleur de cette comète, à un moment donné, dut être deux mille fois plus forte que celle du fer rouge, et elle mettrait un million d'années à se refroidir. Si celle-là nourrit des habitants, il faut avouer qu'ils sont encore plus puissants que les âmes dont Louis Figuier a peuplé le soleil dans son *Lendemain de la Mort.* Que faut-il donc répondre à ceux qui demandent si les planètes sont habitées? Qu'on n'en sait rien. Et cette réponse enfantine est souvent la plus savante et la plus habile qu'on devrait faire dans bien des cas, pour s'éviter à soi-même la confusion d'avoir dit une sottise.

Et puisque nous sommes sur le chapitre des comètes, nous continuerons à nous distraire avec les erreurs ou les extravagances de nos astronomes, tout en glanant par ci par là quelque bonne vérité. Halley a remarqué que la fameuse comète dont nous avons parlé avait paru à la mort de Jules César; ensuite l'an 531, puis en 1106, enfin en dernier lieu sur la fin de l'année 1880, et il conclut que sa période doit être de 575 ans : ceci est sérieux, et nos descendants pourront le vérifier. Mais il y a une chose singulière sur cette période, c'est qu'en remontant de 575 ans en 575 ans depuis la mort de Jules César, où l'on croit que cette comète a paru, on tombe dans l'année du déluge. C'est ce qui a fait penser à Whiston que le déluge universel pourrait bien avoir été occasionné par la rencontre ou l'approche de la *comète*, qui se trouva apparemment alors fort près de la terre. Mais Whiston croit cependant que la queue de la comète aurait fait courir à l'arche un grand péril et qu'heureusement Dieu veillait à sa conservation. Que d'arguments pour prouver que Dieu est embarrassé de son œuvre, et pour obscurcir ce qui est déjà prouvé !

L'astronome Lalande a écrit des réflexions plus judicieuses au sujet de la rencontre des comètes :

« Whiston, Buffon et de Maupertuis, dit-il, avaient déjà remarqué que les comètes pourraient se rencontrer, ou rencontrer la terre, et y produire les plus étranges révolutions ; mais on n'avait fait à cet égard que des hypothèses vagues. J'ai voulu examiner, parmi les comètes déjà connues, s'il y en avait qui naturellement pussent rencontrer la terre, ou en approcher de manière à nous mettre en danger ; j'ai trouvé qu'il y en avait huit dont les orbites passent très près de celle de la terre ; et si nous ne connaissons que la cinquième partie des comètes, il peut y en avoir plus de quarante dans ce cas-là. Les dérangements que les attractions étrangères produisent sur le mouvement des comètes, finissent par rapprocher leurs nœuds de la route de la terre et par faire concourir les circonférences de leurs orbites avec la nôtre. Dans ce cas-là, chacune de ces comètes pourrait venir choquer la terre, ou du moins en passer si près, que la mer en serait soulevée, comme elle l'est tous les jours par le soleil et par la lune, et qu'une partie de la terre pourrait en être submergée : c'est l'objet d'un mémoire que j'ai publié à Paris, chez Gibert. Ces calculs, qui avaient été annoncés dans quelques conversations, occasionnèrent dans Paris la terreur et les bruits les plus étranges ; on prétendait que j'avais prédit la fin du monde, et il a fallu que mon mémoire fût publié pour dissiper les bruits populaires. J'ai fait voir dans cet écrit que, quoique ces rencontres de planètes soient possibles, elles supposent tant de circonstances réunies, qu'on ne saurait en faire un objet de terreur. J'ai d'ailleurs observé que la terre parcourant six cent mille lieues par jour dans son orbite, elle ne pouvait être au plus qu'une heure de temps exposée à l'attraction d'une comète, et qu'il était difficile qu'en si peu de temps les eaux pussent s'élever à une bien grande hauteur. Cependant, il me paraît que si l'on cherche une cause physique et naturelle des révolutions anciennes de notre globe, dont on trouve des traces dans le sein de la terre comme au sommet des montagnes, on la peut trouver dans les approches de quelques-unes de ces comètes. »

La détermination de l'orbite des comètes est fort difficile, à cause de leur mouvement irrégulier : elles vont tantôt de l'orient à l'occident, tantôt de l'occident à l'orient, ou du midi au nord et du nord au midi ; quelquefois aussi on voit les comètes demeurer stationnaires un jour, et le lendemain s'avancer de 40 degrés, puis rétrograder subitement. Il y a plusieurs comètes dont la marche peut être aujourd'hui calculée à l'avance avec quelque approximation ; mais la science n'est pas encore parvenue à expliquer le singulier phénomène des queues projetées par ces astres jusqu'à vingt millions de lieues.

On supposait autrefois que les comètes étaient de simples météores engendrés dans notre atmosphère. Tycho-Brahé combattit le premier cette erreur en observant la comète de 1585, et fit revivre une ancienne idée de Sénèque, qui avait rangé les comètes au nombre des planètes de notre système solaire. Képler entreprit de calculer l'orbite d'une comète, mais il put reconnaître seulement que cette orbite n'est pas circulaire. Helvétius reconnut que les comètes décrivent une parabole. Enfin, Newton compléta cette théorie en démontrant que les comètes sont attirées par le soleil en vertu des mêmes lois que les planètes.

Mais le mouvement de ces dernières dans leurs orbites elliptiques n'est pas uniforme, parce que le soleil n'occupe pas le centre de ces orbites, mais leur foyer. Les planètes se meuvent donc tantôt plus vite, tantôt plus lentement, selon qu'elles sont plus proches ou plus éloignées du soleil ; mais ces irrégularités sont elles-mêmes réglées et suivent une loi certaine. La lune est de tous les astres celui dont le mouvement présente les irrégularités les plus sensibles ; et à proprement parler, son orbite n'est pas rigoureusement une ellipse, mais une espèce de spirale indéfinie. A l'égard du mouvement que toutes les planètes ont dans le même sens d'occident en orient, de leur mouvement de rotation autour de leur axe, ces phénomènes ne sont pas aussi faciles à expliquer, dans le système newtonien, que leur mouvement autour du soleil. Descartes imagina de les faire nager dans un fluide très-subtil qui tournait en tourbillon autour du soleil, et qui emportait toutes les planètes dans la même direction. Mais Newton trouve que ces mouvements n'ont pas de causes mécaniques; et la raison qu'il en apporte, c'est que les comètes se meuvent autour du soleil dans des orbites fort excentriques et dans tous les sens, les unes de l'orient à l'occident, d'autres du midi au nord. Et il ne donnait à ce mouvement commun d'autre raison que la volonté du Créateur, dont ici il n'avait pu deviner le plan ou le pourquoi. D'autres, sans plus d'embarras, attribueraient ce désordre apparent au mouvement spontané des atomes éternels.

Jusqu'ici nous avons parcouru un peu au hasard l'immense profondeur des cieux. Il est temps de fixer notre course vagabonde et de nous arrêter quelques instants dans nos terres du ciel les plus voisines: Mercure, Vénus, Mars, Jupiter, Saturne et Uranus.

Mercure est la plus petite des planètes inférieures et la plus proche du soleil, dont elle est pourtant éloignée de 13 millions de lieues. Elle est seize fois plus petite que la terre. Ses jours sont de 24 heures 51 minutes, et son année d'environ 88 jours. Selon Newton, la chaleur et la lumière du soleil sur la surface de Mercure sont sept fois plus grandes que chez nous au fort de l'été; et suivant les expériences qu'il a faites à ce sujet, cette chaleur seule suffirait pour faire bouillir l'eau. Un tel degré de chaleur doit rendre Mercure inhabitable pour des êtres de notre constitution. On la voit changer de phases comme la lune, et elle passe tantôt entre la terre et le soleil, tantôt au delà du soleil; mais jamais on ne voit la terre entre Mercure et le soleil: ce qui devrait arriver, si les cieux de toutes les planètes renfermaient la terre dans leur centre, comme le suppose Ptolémée. La même remarque peut se faire sur Vénus.

Cette dernière, la plus brillante des planètes de notre système, est placée entre Mercure et la terre, à 27 millions de lieues du soleil. Son année est de 224 jours 17 heures, et sa journée de 23 heures. Elle ne se montre que le matin vers l'orient, ou le soir vers l'occident. On la prenait autrefois pour deux étoiles différentes, et on l'appelait l'étoile du jour ou *Lucifer* lorsqu'on la voyait avant le lever du soleil, ét l'étoile du soir, *Vesper*, ou étoile du Berger, lorsqu'elle paraissait le soir.

Vénus a, comme la lune, des phases qu'on peut apercevoir au télescope. Et ce qu'il y a de singulier, c'est que le temps où elle jette le plus de lumière n'est pas celui où elle est pleine, mais au contraire quand elle est dans le croissant; car alors elle se trouve beaucoup plus près de la terre. Bianchini y découvrit en 1626, vers le milieu du disque, sept mers, qui se communiquent par quatre détroits, et vers les extrémités deux autres mers sans communications avec les premières. Et comme les célèbres navigateurs, il imposa des noms à ces mers inconnues. On a découvert depuis qu'elle avait une atmosphère égale à la nôtre, et on soupçonne fortement qu'elle a aussi sa lune. Mais le fameux passage de Vénus sur le soleil (1761), qui fit voyager les académiciens de tous les pays, ne prouva pas clairement cette vérité, et depuis ce satellite n'a pas reparu.

Immédiatement après la terre, Mars tourne à 60 millions du soleil, avec un volume six fois plus grand que la lune.

Son année est de 687 jours, et sa journée de 24 heures 39 minutes. Sa lumière rougeâtre et toujours trouble indique l'existence d'une atmosphère. Les habitants de Mars doivent voir le soleil d'un tiers moins grand que nous; sa chaleur et sa lumière doivent y être en conséquence moindres que les nôtres. Cependant son axe étant perpendiculaire au plan de son orbite, il ne peut y avoir que fort peu de variété de saisons, et presque point de différence de l'été à l'hiver, quant à la longueur des jours et à la chaleur. Néanmoins des lieux situés à différentes distances de son équateur recevront différents degrés de chaleur, par rapport à l'inclinaison différente des rayons du soleil sur l'horizon. M. Grégory explique par là les bandes qu'on remarque dans Mars et qui se forment, d'après lui, comme la neige et les nuages chez nous, par les intensités du chaud et du froid constamment différentes en différents parallèles. On voit souvent dans Mars de grandes tâches disparaître après quelques années ou quelques mois, tandis que d'autres se forment et subsistent longtemps après. Ainsi, il faut qu'il se fasse dans Mars d'étranges changements, puisqu'ils sont si sensibles à une telle distance; cette planète est peut-être comme notre terre d'il y a 5,000 ans, qui était sujette aux grandes révolutions géologiques. Mais aujourd'hui nous sommes bien assis sur notre sol, et il est probable que, vue de Mars, la terre ne présenterait aucun changement sensible sur sa surface.

Entre Mars et Saturne, Jupiter roule dans les cieux sa masse énorme 1,400 fois plus grosse que la terre, à 180 millions du soleil, dont il fait le tour dans l'espace de 12 ans. Mais cette planète tourne sur elle-même avec une rapidité prodigieuse, puisque ses jours ne sont que de 9 heures 55 minutes. Comme Mars, elle a des bandes parallèles à son équateur, qui paraissent être mises en mouvement par les vents; et on en a conclu que c'étaient des amas de nuages, transportés avec différentes vitesses dans un atmosphère très-agitée. Cette planète, connue de toute antiquité, est accompagnée de quatre satellites, découverts en 1610 par Galilée. « Ces quatre lunes, suivant l'observation de Fontenelle, doivent faire un spectacle assez agréable pour les habitants de Jupiter, s'il est vrai qu'il y en ait; car tantôt elles se lèvent toutes quatre ensemble, tantôt elles sont toutes au méridien, rangées l'une au-dessus de l'autre; tantôt on les voit sur l'horizon à des distances égales ; elles souffrent souvent des éclipses dont les observations sont fort utiles pour connaître les longitudes. »

Le jour et la nuit sont à peu près de même longueur sur toute la surface de Jupiter, savoir, de 5 heures chacun, l'axe de son mouvement journalier étant à peu près à angles droits sur le plan de son orbite annuelle. Tout va vite dans ce pays-là : la première lune ne met que 1 jour et demi pour faire son tour ; la deuxième 3 jours et demi ; la troisième, 7 jours et 4 heures ; enfin la quatrième, plus raisonnable, n'achève sa révolution que dans 16 jours et 18 heures. Les habitants de Jupiter ont donc quatre différentes sortes de mois. Mais comme sa distance au soleil est au moins cinq fois plus grande que celle de la terre , le diamètre du soleil, vu de Jupiter, doit paraître 5 fois plus petit et son disque 25 fois moindre que chez nous. La chaleur et la lumière doivent y être en conséquence , et je plains fort ces pauvres habitants condamnés à vivre dans un demi-jour éternel, malgré leurs quatre lunes, qui ne sont pas de trop pour les êtres, présents ou futurs, à qui est dévolue cette colossale planète.

Avant de visiter les planètes les plus lointaines,

Saturne, qui a 8 lunes, et Uranus, qui en a 6, demandons-nous quelle peut être l'utilité des satellites. On croit communément qu'ils sont destinés à suppléer à la lumière faible que reçoivent des planètes trop éloignées du soleil, comme Jupiter, Saturne et Uranus, et à les éclairer pendant leurs nuits. Mais, 1° Mercure, Vénus et Mars n'ont pas de satellite, quoique cette dernière soit beaucoup plus éloignée que la terre ; 2° la lune nous est cachée au moins la moitié du temps et ne paraît qu'une partie de la nuit ; 3° la nuit d'une planète doit être d'autant plus obscure que le jour a été brillant, et à ce point de vue Mercure et Vénus auraient peut-être plus besoin de lunes que les autres planètes. On ne voit donc pas clairement le rôle directement nécessaire de ces astres secondaires. Cependant voici quelle a été leur utilité. On s'est servi des éclipses des lunes de Jupiter pour déterminer la distance de cette planète à la terre ; ces éclipses ont fourni des notions plus précises sur la marche de la lumière ; enfin, et ceci est plus à notre portée, ces mêmes éclipses permettent de déterminer les longitudes sur terre. En effet, je suppose que deux observateurs, dont l'un est à Paris et l'autre à Pékin, observent une éclipse d'un satellite de Jupiter; il est certain que cette éclipse arrivera dans le même moment pour chacun des observateurs; mais comme ils sont placés sous différents méridiens, ils ne compteront pas la même heure, et c'est sur la différence de l'heure qu'on déduit l'éloignement des deux méridiens et par conséquent la longitude. Mais quand on songe à cette complication dans les mouvements des astres, quelquefois irréguliers en apparence, c'est une pensée qui absorbe que de voir comment une grande loi règne universellement dans toutes les parties de la nature et convient à des corps qui sont à une si vaste distance les uns des autres. C'est sans contredit le plus fort argument que la constitution de l'univers fournit de l'existence de Dieu.

Voyez Saturne, 734 fois plus gros que la terre, tourner à 330 millions de lieues du soleil, dont il fait majestueusement le tour en 29 ans. Et cependant ses journées ne sont que de 10 heures et demie. Son vaste anneau tourne en même temps, emportant dans l'espace ses 8 lunes avec leurs obscures destinées. Et Uranus,

332 millions de lieues plus loin que Saturne, c'est-à-dire à 662 millions de lieues du soleil, avec un volume quatre-vingt-deux fois plus gros que la terre, parcourt son vaste orbite en 84 ans. Et Neptune, découverte par Le Verrier en 1846, deux fois environ plus grosse qu'Uranus, met 164 ans à parcourir son orbite, à 1,140 millions de lieues du soleil, c'est-à-dire trente fois plus loin que la terre. De Saturne, le soleil doit paraître cent fois plus petit que chez nous; et des deux autres planètes, Uranus et Neptune, ce doit être une étoile de petite grandeur. Que dirions-nous alors de la chaleur, de la lumière et de leurs mystérieux habitants? Inclinons-nous : ce sont ici les portes éternelles.

Lorsque nous contemplons cette voûte céleste, peuplée de mondes gigantesques et de terres inconnues, ces champs de l'air où se promènent les tempêtes et les merveilles de Dieu, nous n'avons encore qu'une faible idée de la nature. L'intérieur de notre sol, les profondeurs de l'Océan, le voile des cieux nous dérobent leurs plus magnifiques trésors, et les secrets ressorts qui animent tous les êtres surpassent toute connaissance humaine. Une puissance invisible dirige tous les mouvements du monde et préside aux constantes révolutions de la nature, qui n'est que le bras de Dieu et le ministre de ses volontés éternelles. Admirons en silence ces lois immuables qui maintiennent dans les mondes l'harmonie, l'équilibre et la durée. Infatigable dans ses œuvres, la nature vit de sa propre inconstance; contemporaine de tous les âges, mère de toutes les existences, c'est sa main puissante qui moissonne tous les êtres et qui les plonge dans la mort pour les faire briller de nouveau sur la scène du monde. Dieu seul, du haut de sa gloire, étend sur elle une puissance que nous ne saisissons pas toujours et contemple du milieu de son éternité l'exécution de ses lois irrévocables.

Telle est cette force vive qui pénètre la matière en tous sens, qui l'agite sans cesse, qui l'attire, la compose et la modifie par des nuances successives. L'univers est animé d'un esprit de vie; tous les êtres puisent leur existence dans cette source commune; une âme générale circule dans les êtres organisés et, comme un feu intérieur, les remplit de vigueur et de fécondité. Au sein même de la terre, mille attractions diverses tourmentent la matière, impatiente du repos. C'est au milieu de cette scène

toujours mouvante que l'homme a été placé pour sentir ,
admirer et connaître, pour marcher sans égal et sans
maître sur la face de la terre. Les cieux se déroulent à
notre vue, et le soleil, comme une lampe éternelle, voit
circuler autour de lui ces orbes errants et ces comètes
flamboyantes qui tracent d'immenses sillons de lumière
et s'ensevelissent ensuite dans les abîmes des cieux. Au
delà de notre monde solaire, des millions de soleils
brillent comme des flambeaux, éclairent d'autres mondes,
s'étendent dans des latitudes si démesurées et s'y multiplient en nombre si prodigieux, qu'ils accablent toute
pensée humaine. Cependant l'ordre, la régularité, l'harmonie règnent entre toutes ces sphères qui parcourent
depuis l'origine des temps des distances incalculables.
Elles célèbrent, dans leur marche silencieuse, la puissance et la gloire du Créateur. Quel spectacle pour l'habitant de la terre ! Qu'il est incompréhensible celui qui
lança les mondes dans les abîmes de l'infini ! Qu'est-ce
que l'homme devant la majesté de cette formidable
création que Dieu pourtant, en un clin-d'œil, peut
changer comme un manteau et en tirer une autre trans-

formée et encore plus admirable? Jeté au milieu de l'é-
ternité, l'homme pourtant vivra, et c'est ce qui fait sa
grandeur. En suivant la voie de Dieu, son âme sera portée
dans le champ de l'infini à la source de toute lumière et
de toute vérité.

FIN.

TABLE.

PAGES.

Préface. 5

I.

Marche générale des peuples et de la civilisation. 11

II.

NAISSANCE DES PEUPLES.

Coup d'œil historique depuis Moïse jusqu'à la chute de l'empire
romain — Héros et fondateurs d'empires. 14

III.

LES PEUPLES NOMADES A LA RECHERCHE D'UNE PATRIE.

Gaels, Celtes, Ligures, Peuplades ibériennes. — Phéniciens. —
Cimbres ou Kimris. — Luttes gigantesques. — Gaulois, Gallo-

310 TABLE.

PAGES.

Kimris ; Teutons ou Germains, Goths, Francs, Saxons ; Huns,
Arabes, Slaves. — Les Turcs et les hordes de Tamerlan. —
Enfantement des nationalités modernes. 28

IV.

TERRES INCONNUES DANS L'ANTIQUITÉ.

Géographie primitive. — Concordance des traditions grecques
et hébraïques. — Idées d'Homère. — Iles Fortunées. — Con-
naissances d'Hérodote et d'Aristote. — Expédition d'Alexandre.
— Géographie de Strabon. — Voyages de Pithéas et d'Eudoxe.
— Découvertes des Romains. — Géographie de Pline et de
Ptolémée. — Limites des connaissances des anciens. 49

V.

VOYAGES ET DÉCOUVERTES DES ARABES, DES CHINOIS ET DES NORMANDS.

Ignorance des Arabes à l'égard de l'Europe. — Iles fabuleuses.
— Voyages des Almagrurins. — Les Arabes en Chine. — Expédition des Chinois aux Indes et à la mer Caspienne. — Leurs
relations avec la Perse. — Excursions des Normands et des
Scandinaves. 73

VI.

TERRES INCONNUES AU MOYEN-AGE.

Voyage d'Anschaire. — Travaux entrepris par les souverains.

PAGES.

— Révolutions de l'Asie et de l'Afrique. — Les Mongols. — Voyages du moyen-âge et cartes. — Découverte de Madère. . 84

VII.

PRÉCURSEURS DE CHRISTOPHE COLOMB.

Voyages d'Ascelin, de Carpin, de Rubruquis, de Marco-Polo et de Mandeville. — Découvertes des Portugais en Afrique et en Asie. 90

VIII.

DÉCOUVERTE DE L'AMÉRIQUE.

Christophe Colomb. — La boussole et l'Orient. — Idées nouvelles de John Mandeville, de Brunelleschi, de Toscanelli et de Colomb. — Études de ce dernier et ses convictions. — Ses démarches et son départ. — Révolte de l'équipage. — On découvre la terre ferme. — Plusieurs voyages et mort de Colomb. — Améric Vespuce. 99

IX.

NAVIGATEURS CÉLÈBRES.

Précis historique des voyages autour du monde et découvertes successives par toutes les nations. 108

312   TABLE.

X.

RECHERCHES EN AFRIQUE.

PAGES.

Plateaux de l'intérieur encore inconnus. — Marche de la civili-
sation chez les nègres. — Le Sahara et les caravanes. — Les
Touaricks et les Tibbous. — Bassin du Niger. — Le Sangaran,
Jenné, royaume de Massina, Yahndi. — Les Fellatahs. — Youri,
Bajébo. — Les Combriens. — Le Darfour. — L'intérieur de
l'Afrique australe. — Les féroces Jagas. — Le Gingiro, et
leur navigation. — Mœurs singulières. — Les funérailles de
Radama. — Les nègres du Congo et autres sauvages. —
Réflexions sur les mœurs des nègres de l'intérieur. — Indus-
trie, religion, gouvernement. — Leurs vertus et leur avenir. . 112

XI.

RECHERCHES EN ASIE.

Influence du climat de l'Asie sur la civilisation de ses habitants.
— Causes de l'étonnante rapidité des révolutions asiatiques. —
Tartares et Mongols. — Les tribus du Caucase. — Mœurs des
Kourdes, des Druzes et des Maronites. — Les Brahouis du
Béloutchistan. — Les Kirghiz dans le Turkestan. — Les Tur-
comans de la mer Caspienne et les Khiviens de l'Aral. — Les
Kaffirs de l'Indus. — Les Moys et les Tchongs de la Cochin-
chine. — Les Veddahs de Ceylan. — Les nomades de la
Sibérie. — Les Toungouses et leurs croyances religieuses. —
Le Kamtchatka et la poste aux chiens. — Iles Kouriles et
l'océan Scythique. 137

XII.

RECHERCHES EN AMÉRIQUE.

PAGES.

Premiers habitants. — Tribus de la Sibérie américaine. — Les
Aléoutiens et aspects sauvages du pays. — Mœurs diverses des
côtes nord-ouest. — Tribus à l'est des montagnes Rocheuses :
Esquimaux, Chippaways et Knistenaux. — Hurons et Iroquois.
— La Gaspésie et la région du Missouri : Sioux, *Gens du Lac*,
Gens de feuilles. — Tribus des Yanetongs, des Folles-Avoines et
des Otagamis. — Mandanes, Indiens-Serpents, Kansas et
Osages. — Principales tribus de l'Amérique méridionale. —
Religion des Muyscas et des Péruviens. — Mœurs des bergers
de la Plata. — Les Guaranis, les Araucans et les Aucas. —
Terre de Feu. — Fuégiens, Yacanacus et îles Malouines.
— Terres australes vues par Dumont d'Urville en 1840. 165

XIII.

EXCURSION AU POLE BORÉAL.

Lieux où la nature voit mourir son influence. — Nordenskiold a
tourné le nord de l'ancien continent. — Difficultés qu'offrent
les glaces mobiles pour tourner le nord de l'Amérique. — Le
Groënland et l'Islande ; description et traditions de ces pays.
— Les îles de Spitzberg et ses montagnes admirables. — Forêts
marines peuplées de cétacés, de phoques et autres poissons
curieux. — Chanson funèbre d'un père groënlandais. — Colonisation et civilisation de ces régions boréales. 201

XIV.

EXCURSION AU GRAND OCÉAN.

PAGES.

Aspect général des îles parsemées dans le grand Océan. — L'arbre à pain. — Les Battas et les Lampongs de Sumatra. — Les Javanais. — Le pays des Tidouns et autres tribus de Bornéo. — Mœurs et religion des îles Philippines. — L'archipel de Soulou et ses indigènes. — L'île Célèbes et les Macassars. — Les Moluques et les épices. — Gilolo, Bourou et Céram. — Les Alforèses : barbarie et civilisation. — L'île d'Amboine et groupe de Banda. — Mer de lait. — Nègres de l'Australie. — La Tasmanie. — Nouvelle-Calédonie et Canaques. — L'archipel de Santa-Cruz et la Nouvelle-Guinée. — Iles Carolines et mœurs des indigènes. — Mort de Cook aux îles Sandwich. , . 216

XV.

THÉORIE DES TERRES DU POLE AUSTRAL.

Cook à la recherche des terres australes. — La Nouvelle-Zélande. — Existence d'un continent austral. — Aspects, habitants et productions. — Mission des explorateurs futurs dans les voyages autour du monde. , ... 254

XVI.

TERRES DU CIEL.

Idée grandiose du firmament. — L'espace infini. — Mouvement

des planètes. — Attraction et gravitation ; preuves. — Voyage dans la lune. — Habitants des planètes ; preuves. — Comètes qui peuvent rencontrer la terre. — Difficultés sur la loi de l'attraction. — Voyage aux planètes : Mercure, Vénus, Mars, Jupiter, Saturne, Uranus et Neptune. — Observations curieuses sur les lunes de Jupiter. — Conclusion de ce volume sur le rôle de la nature et les destinées de l'univers. 269

FIN DE LA TABLE.

Rouen. — Imp. MÉGARD et Cᵉ, rue Saint-Hilaire, 136.

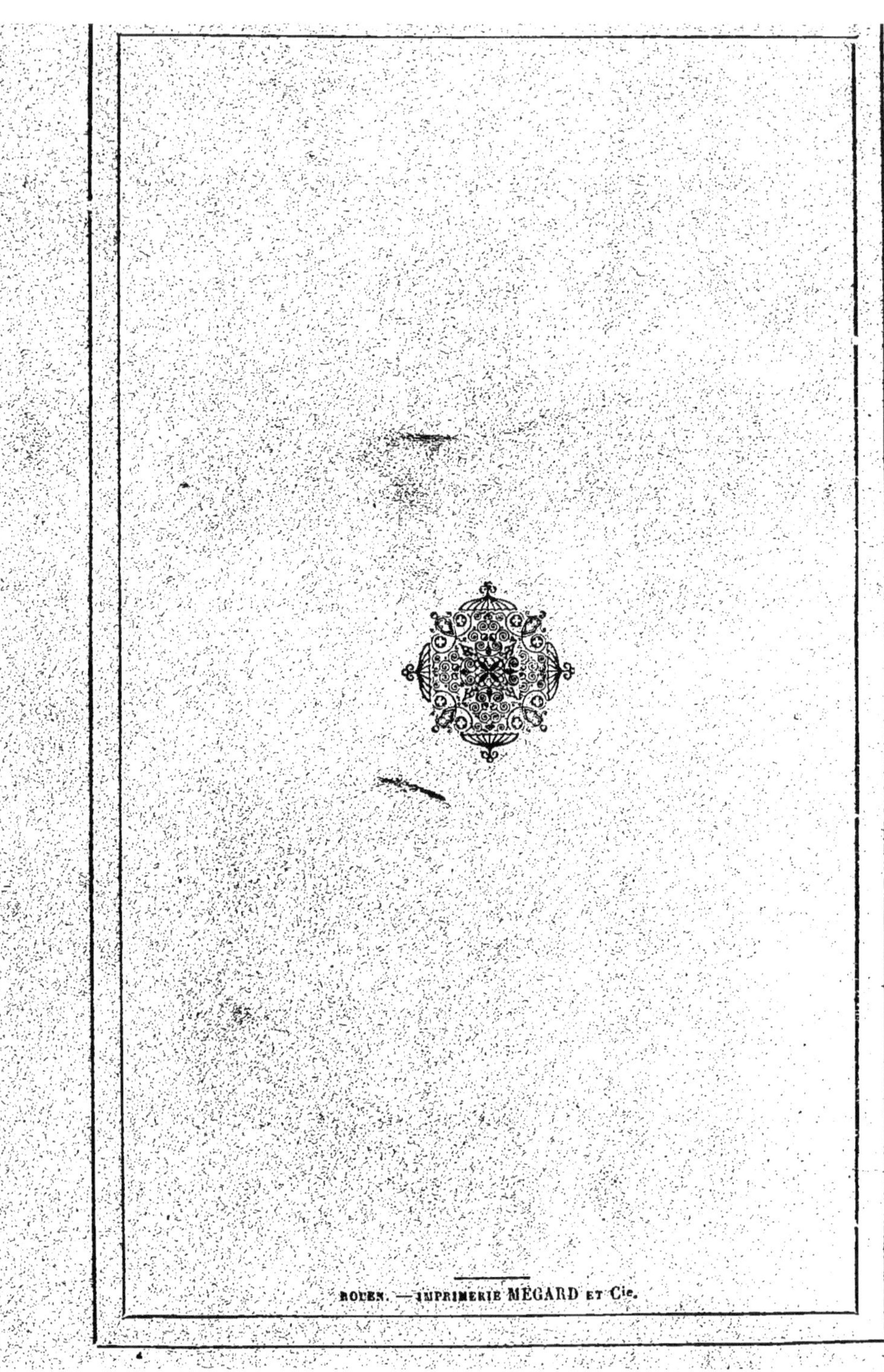

ROUEN. — IMPRIMERIE MÉGARD ET Cie.

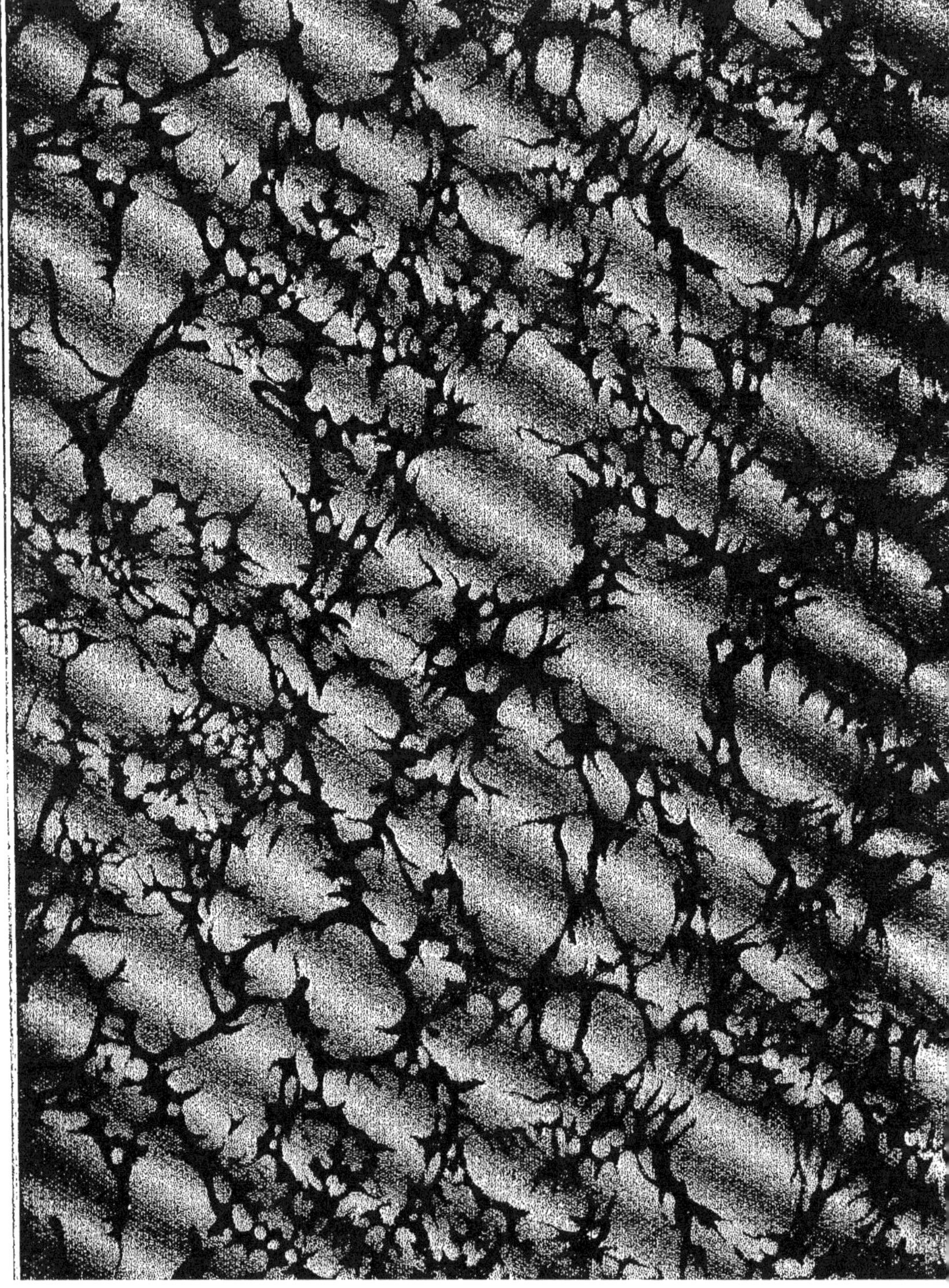

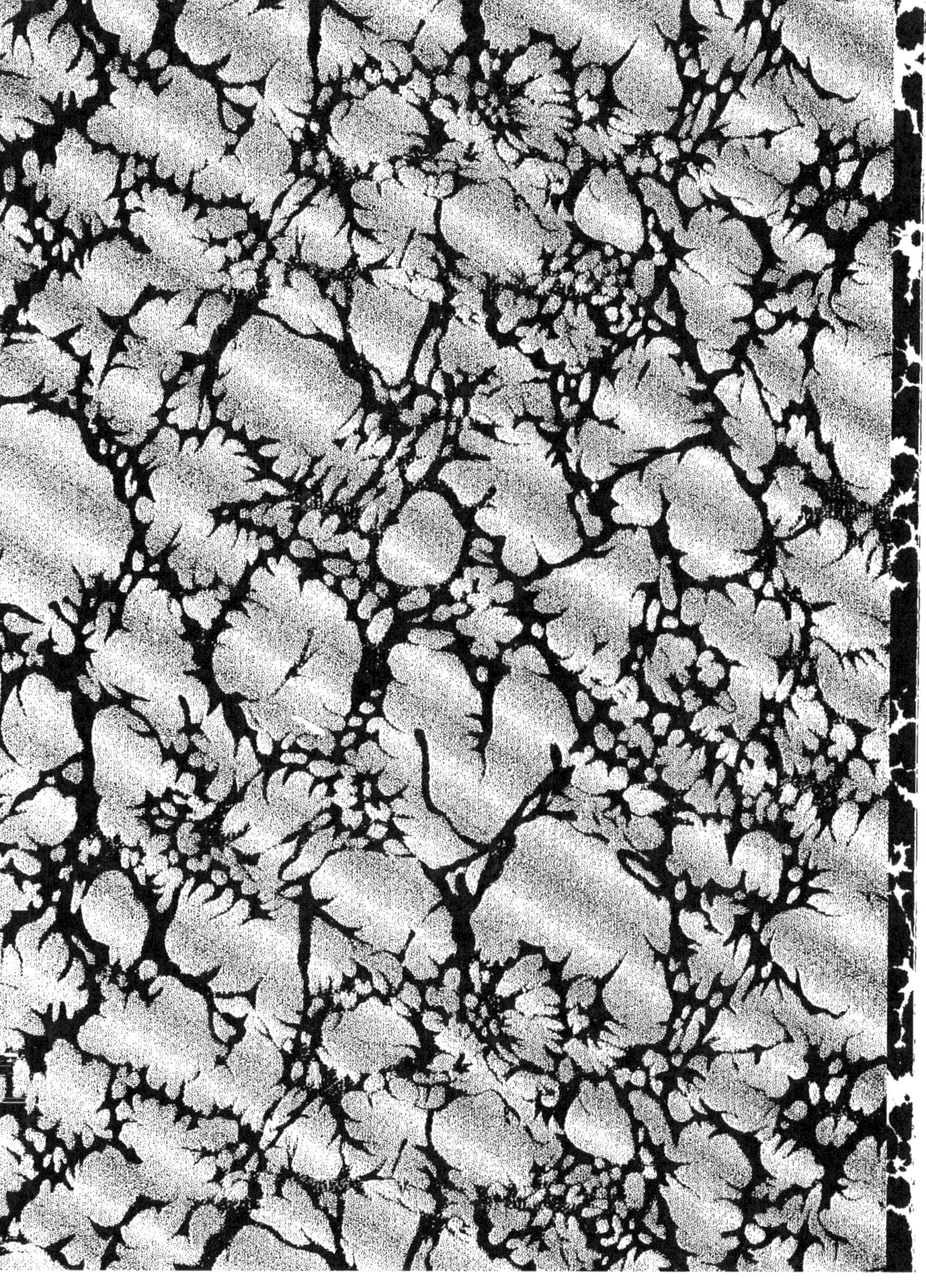

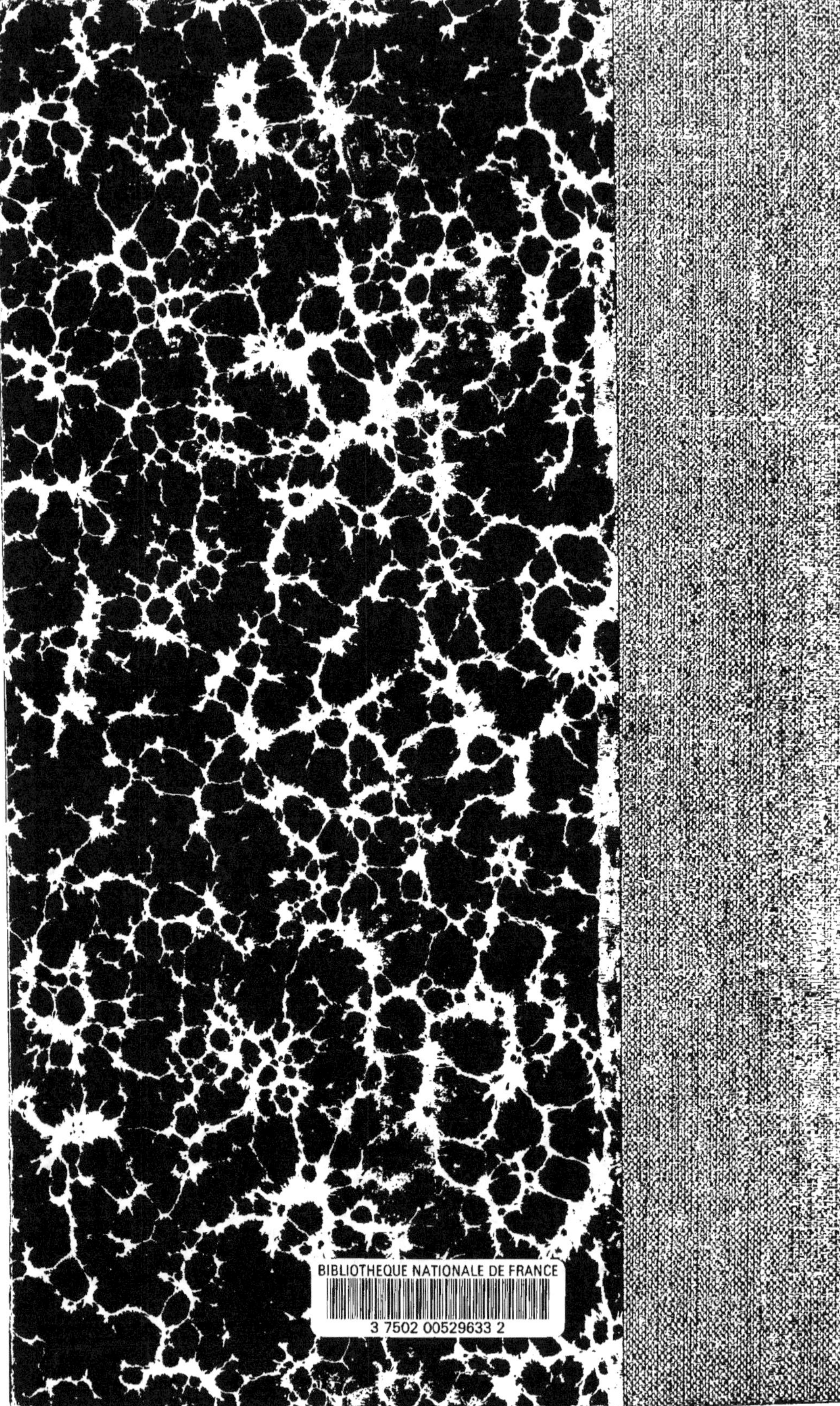